마음이
만나는
교 실

선생님이 알아야 할 배려와 설득의 대화법

마음이 만나는 교실

박재현 지음

사회평론아카데미

함께 성장하는 교실

'가르친다'고 하면 가르치는 자로부터 배우는 자에게로 무언가가 흘러가는 장면을 떠올리기 쉽습니다. 그러나 지식이든 삶의 교훈이든 한 방향으로 흐르는 상황은 효율적이지도, 지속 가능하지도 않습니다. 가르치는 자와 배우는 자가 공유하는 교실이라는 생태계에서 에너지가 원활하게 순환하려면 가르치는 자도 배우는 자로부터 에너지를 받아야 합니다.

배우는 자에게서 흘러나오는 에너지란 바로 가르침에 대한 학생의 긍정 반응입니다. 갸우뚱하던 고개를 끄덕이고, 무표정하던 얼굴에 작은 미소가 번지며, 복도에서 웃으며 선생님을 부르고, 선생님을 믿고 노트에 열심히 필기하는 모습, 이 모든 장면이 선생님을 북돋우는 에너지입니다. 교육을 식물을 기르는 일에 비추어 본다면, 학생들의 이런 긍정 반응은 튼튼하게 뻗어져 나가는 교육의 뿌리와 가지이고, 활짝 핀 교육의 꽃이며, 풍성하게 열린 교육의 열매입니다.

교실이 시끌벅적하여도 배우는 자와 가르치는 자가 서로를 도닥이고 행복감을 느끼게 하는 대화는 드뭅니다. 배우는 자와 가르치는 자의 상호작용은 대화로 이루어져야 하는 데 말은 차가운 정보만을 실어 나릅니다. 긍정 에너지가 메마르고 정보성 대화만이 오가는 교실에서는 온기도 명랑함도 마음의 안정감도 찾아보기 힘듭니다.

교실 생태계가 건강하고 지속 가능하기를, 가르치는 자의 에너지가 고갈되지 않고 풍성해지기를, 배움이 자연스럽게 샘솟아 아이들에게 넘쳐흐르기를 바라는 마음에서 이 책을 썼습니다. 이 책에서 지금까지 자신을 붙잡고 있던 편협한 관점을 벗어버리는 데 도움이 될 것을 얻어도 좋고, 학생과의 상호작용에서 긍정 반응을 발견하는 방법을 깨달아도 좋을 것입니다.

기존의 교사 화법 서적이 동기 유발 화법이나 질문 화법 등 주로 효과적인 교수·학습에 초점을 맞추고 있는 것과는 달리, 이 책은 교사와 학생의 관계를 회복하는 의사소통에 중점을 두었습니다. 선생님들의 독서 모임이나 학습 공동체에서 활용하면 책의 내용을 습득하는 것을 넘어 서로의 삶의 경험을 나누는 데 도움이 될 것입니다. 예비 교사를 양성하는 교육대학교, 사범대학, 교육대학원 등에서 관련 교과목이나 비교과 교육 프로그램의 교재로 사용해도 좋습니다.

1부는 본격적인 대화법을 익히기 전에 교사의 정체성을 확인하고, 교사와 학생의 관계 패턴을 인식하는 내용입니다. 1장에서는 자아 개념과 관련된 의사소통 이론을 바탕으로 교사의 자아 개념을 점검하고, 교사의 말이 학생의 자아 개념에 어떻게 영향을 미치는지 인식할 수 있는 내용을 다루었습니다.

2장에서는 교류 분석 이론을 바탕으로 교사와 학생의 관계 패턴이 어떻게 설정되었는지에 대한 안목을 기르는 방법과, 그러한 관계 패턴이 대화 패턴으로 고착되는 양상을 소개하였습니다. 3장에서는 자기 노출 이론을 바탕으로 교사와 학생의 관계를 발전시키고 유지하기 위해 나를 드러내는 지혜로운 소통 방식을 안내하였습니다.

의사소통 이론은 사회심리학을 바탕으로 하고 있습니다. 따라서 의사소통 이론에 기반을 둔 1부는 개인 내면의 심리를 살피는 부분입니다. 대화 방법을 익히기 전에 먼저 선생님 스스로 점검하는 게 더욱 효과적이겠지만, 구체적인 선생님과 학생의 대화 방법이 궁금하다면 2부를 먼저 읽고 나서 1부를 보아도 괜찮습니다.

2부는 특정 상황에서 사용할 수 있는 대화법을 다룹니다. 4장에서는 선생님의 유머 감각이 뛰어나지 않아도 밝고 유쾌한 교실을 만드는 방법을 소개했습니다. 스스로 유머 감각이 부족하다고 여기는 교사는 유머를 부차적인 것으로 생각하기 쉬운데, 여러 연구에서는 유머가 학생의 수업 만족도에 큰 영향을 미치는 것으로 나타났습니다. 유머 화법으로 생기 있고 즐거운 교실을 만드는 데 도움을 얻으시기를 바랍니다.

5장에서는 갈등 상황에서 학생에게 강압적이지 않게 서로의 욕구와 느낌에 주목하는 비폭력 대화 방법을 소개했습니다. 이 대화 방법을 교실에서 실제 사용한다면 처음에는 나의 평소 화법과 달라 다소 낯설 수 있지만, 곧 그 효과에 놀라게 될 겁니다. 이 방법을 몰라 과거에 얼마나 많은 관계를 어색하게 만들고 단절하게 되었는지 후회하는 마음이 들 수도 있습니다.

6장에서는 공감적 대화를 하는 구체적인 방법을 소개합니다. 우리는 상대의 감정을 읽고 이를 반영해 주는 대화 방법을 알고 있다고 여기지만 실제로는 잘하지 못하는 경우가 많습니다. 이 대화 방법을 익힌다면 학생의 눈빛이 반짝반짝 변하는 모습을 발견할 수 있을 겁니다.

2부의 7장과 8장은 합기도와 유도와 같은 무도의 이름에서 연상할 수 있듯이 다소 공격적인 상황에 유연하게 대처하는 화법입니다. 7장은 학생의 공격적인 언어에 상처받지 않고 유연하게 대응하는 자기방어 화법을 소개했습니다. 교사도 사람인지라 학생이 무심코 던진 말에 상처받고 힘들어했던 경험이 있을 겁니다. 평정심을 유지한 채로 어떻게 공격 에너지를 화합의 에너지로 바꾸는지 살펴보면 도움이 될 겁니다. 8장은 교사로서 학생에게 지시하는 상황에서 거부하며 반항하던 학생이 스스로 지시를 받아들이도록 이끌어 내는 화법입니다. 합리적인 방식으로 단계적으로 대화하는 유도 화법에서 불필요한 충돌을 피하는 지혜를 얻을 수 있습니다.

3부는 말 자체는 아니지만 말보다 더 큰 의미를 전달하는 준언어와 비언어의 사용법을 소개합니다. 9장에서는 무의식적으로 학생에게 관계에 대한 의미를 전달하는 비언어 메시지를 다룹니다. 마지막으로 10장에서는 교사가 말투를 온기 있고 명랑하게 바꾸는 것이 얼마나 중요한지를 제시하고, 교사와 학생의 말투가 조화를 이루어 합주하는 방법을 소개합니다.

교사가 행복해야 교실 분위기도 따뜻해지고 학생들도 행복해집니다. 교사와 학생은 거울처럼 서로를 비추며 상호작용합니다. 의사소통의 이론을 교실 현장의 대화에 적용한 이 대화 원리가 전 세계의 가르치는 자들을 행복하게 하는 데 조금이라도 도움이 되기를 바랍니다.

현장 교사의 눈으로 원고를 읽고 반짝이는 아이디어를 보태 준

권효섭, 김희연, 유인서 선생님에게 특별한 감사의 마음을 전합니다. 늘 진정한 편집자의 역할을 느끼게 해 주는 사회평론아카데미 편집부에게도 감사의 마음을 전합니다.

2024년 7월

박재현

차례

깊이 있는 대화를
이끌어 내려면

01

마음을 들여다보는 안목을 길러라

자아 개념

학창 시절을 떠올려 봅시다. 선생님과의 관계로 수업이 좋아지거나 싫어졌던 경험이 있나요? 원래는 그다지 흥미를 느끼지 못하던 과목인데 선생님이 좋아서 그 수업이 좋아졌거나, 선생님과 관계가 안 좋아지면서 원래 좋아하던 과목인데 흥미를 잃게 되었던 경험이 있을 겁니다.

또는 선생님의 말씀을 듣고 중요한 결정을 바꿔본 적이 있나요? 선생님에게 "너는 뛰는 자세가 정말 선수 같구나!"라고 칭찬을 듣고 달리기를 하는 취미가 생겼다거나, "잘 그리지도 못하는데 수업 시간에 뭘 그렇게 열심히 그리는 거야?"라는 말 한마디에 좋아하던 그림 그리기를 단념해 버린 적이 있나요?

선생님은 학생에게 큰 영향을 미칠 수 있습니다. 그저 일시적으로 학생이 무언가를 하거나 하지 않도록 하는 정도가 아닙니다. 선생님은 말, 눈빛, 몸짓으로 학생의 마음에 영향을 미치고 학생의 삶에 오랜 시간 큰 영향을 미칠 수 있습니다.

굳이 의도하지 않은 말도 학생에게 영향을 줄 수 있습니다. 일상적으로, 큰 뜻을 품지 않고 한 말도 학생에게는 큰 의미로 다가갑니다. 이 모든 것이 자아 개념과 연관됩니다. 선생님과 학생의 관계를 살펴보기에 앞서 선생님인 나의 자아 개념과 그것이 학생에게 미치는 영향을 살펴봅시다.

자아 개념

자아 개념은 쉽게 설명하면 '나는 어떠하다.'라는 나에 대한 나의 생각입니다. 자아 개념은 여러 차원으로 구성되어 있습니다. '나는 그림을 잘 그려.', '나는 바이올린 연주를 잘해.'와 같이 내가 무엇을 잘하거나 못하는지 자신의 능력과 연관된 자아 개념이 있습니다. '나는 우리 집의 장녀야.', '나는 우리 동아리의 대표야.'와 같이 사회적 정체성과 연관된 자아 개념도 있습니다. 외모에 대한 자아 개념도 있습니다. '나는 어깨가 넓어.', '나는 통통한 편이야.'와 같은 것들입니다. 또한 '나는 성실하고 근면해.', '나는 밝은 성격이야.'와 같은 성격과 관련된 자아 개념도 있습니다.

자아 개념은 내 안에 있으며 내가 가지고 있는 것이지만 온전히 내가 만든 게 아닙니다. 성장할 때 자아 개념의 형성에 막대한 영향을 미치는 존재가 있습니다. 부모, 교사, 친구들입니다. 이들을 중요한 타인이라고 합니다. 길을 가다가 누군가와 갑자기 어깨를 부딪치거나 누군가의 발을 밟아서 말다툼이 있을 수 있습니다. 그 순간에는 몹시 불쾌하더라도, 한나절 정도 지나면 잊힙니다. 다음 날에도 그다음 날에도 두고두고 그 사람이 생각나는 경우는 매우 드뭅니다. 하지만 중요한 타인인 부모님, 선생님, 친구가 한 말은 두고두고 오래 기억에 남으며 자아 개념을 형성하고 규정합니다.

나의 자아 개념을 내가 아닌 타인이 만든다는 점에서 사회학자인 찰스 호턴 쿨리는 이러한 현상을 거울에 비친 자아라고 설명했습니다. 쿨리는 타인과의 상호작용에서 타인에게 비친 자아의 상, 혹은 타자의 반응 속에서 형성되는 자아의 상을 중심으로 자아가 형성된다고 했습니다.[1] 한번 생각해 봅시다. 우리 주변의 중요한 사람들이 거울을 들고 우리를 비춰 주고 있습니다. 부모님이 들고 있는 거울에 비친 나의 모습은 어떠한가요? 성실하고 예의 바른 사람인가요, 아니면 철없고 게으른 사람인가요? 선생님의 거울에 비친 나의 모습은 어떠하며, 친구의 거울에 비친 나의 모습은 어떠한가요? 사람들은 이 거울 속에 비친 자신의 모습을 통해 점차 자아 개념을 생성해 갑니다.

그런데 잘 생각해 보면 자아 개념은 '나에 대한 나의 생각'이나 '나에 대한 다른 사람의 생각'이라기보다는 '다른 사람이 나를 어떻게 생각하는지에 대한 나의 생각'입니다. 우리는 다른 사람들과 의사소통을 하면서 타인이 나에게 한 말과 그 말을 할 때의 말투, 표정, 눈빛, 몸짓, 분위기를 통해 그 사람이 나를 어떻게 생각하는지를 추측합니다. 그리고 그것을 반영하여 나의 자아 개념을 만들어 갑니다.

따라서 자아 개념은 의사소통과 매우 밀접한 관련이 있습니다. 타인의 말뿐 아니라 한심하다고 쳐다보는 눈빛이나 비아냥거리는 말투에서도 우리의 자아 개념은 영향을 받습니다.

▶ 함께 이야기할 문제

'다른 사람이 나를 어떻게 생각하는지에 대한 나의 생각'이 의미하는 바에 대해 함께 이야기해 봅시다. 특히 여러분이 학생들에게 들었던 말을 떠올리며 학생들이 나를 정말로 그렇게 생각하는지, 그 생각에 대한 여러분의 생각은 정말 맞는지 이야기해 봅시다.

의사소통의 뿌리가 되는 자아 개념

자아 개념과 의사소통 방식은 아주 밀접한 관계가 있습니다. 의사소통 방식과 직결되는 자아 개념의 차원은 주로 성격이나 성향과 관련된 것들입니다.

어떤 사람은 항상 부정적으로 얘기합니다. 만사 회의적이고 투덜대기 일쑤입니다. 이런 사람은 기분 좋은 시간을 함께 보내려고 만나도 함께할수록 다른 사람까지 기분을 점점 가라앉힙니다.

어떤 사람은 늘 남을 깎아내리는 말을 합니다. 부정적인 자아 개념을 갖고 있는 이런 사람이 자존감이 낮은 대표적인 경우입니다. 자신의 자존감을 높이기는 어려우니 타인의 자존감을 끌어내려야 기분이 나아진다고 생각합니다.

칭찬을 있는 그대로 못 받아들이는 사람도 있습니다. "오늘 헤어스타일이 멋있네."라는 친구의 칭찬을 "응, 어제 머리 좀 다듬었어. 고마워." 하며 자연스럽게 받아들이면 되는데, '어, 애가 나한테 왜 이러지?'라고 생각하며 어색해하고, "뭐? 왜?"라고 말하는 것도 부정적인 자아 개념을 가지고 있는 사람의 전형적인 모습입니다. 부정적인 자아 개념에 익숙해지면, 긍정적인 칭찬의 말을 들었을 때 오히려 낯설고 어색한 기분을 느끼고 칭찬을 자연스럽게 받아들이지 못합니다.

이렇게 부정적인 자아 개념을 가지고 의사소통하면, 중요한 타인들은 그것을 거울에 비춰 주듯이 반응합니다. 내가 부정적이고 퉁명스럽게 반응하니 상대도 같은 방식으로 나를 대합니다. 그러면 자아 개념은 악순환하며 더욱 고착되고 맙니다.

자신의 자아 개념을 객관적으로 인식하고, 외부의 메시지도 적절하게 거를 수 있는 성인은 타인의 영향을 조금 덜 받습니다. 그렇지만 자아 개념이 한창 형성되면서 외부 메시지에 매우 민감하게 반응하는 청소년기에는 중요한 타인인 부모, 교사, 친구의 한마디가 절대적인 영향을 미칩니다. 별 뜻 없는 한마디, 무시하는 말투, 경멸하는 표정에도 학생들의 자아는 큰 상처를 입습니다.

교사의 말은 학생의 자아 개념과 의사소통 방식에 그대로 영향을 미칩니다. 교사가 무시하면 무시당한 학생의 자아가 자기 방어 기제를 작동하여 거칠게 반응하고, 교사가 인정하면 자존감이 높아진 학생의 자아가 동기 부여된 표정과 목소리로 반응합니다. 부정적 상호작용을 인식하고 바꾸어 나갈 교실 속 의사소통 분위기는 긍정적으로 바뀔 것입니다.

> **🎭 함께 이야기할 문제**
>
> 학생의 자아 개념에 긍정적으로든 부정적으로든 영향을 미친 교사의 말에 대해 생각해 보고 구체적인 경험을 함께 이야기해 봅시다.

선생님의 자아 개념이 교실 분위기를 좌우한다

교실 속 교사와 학생은 인격적으로 서로에게 영향을 미치는 존재이므로, 학생의 자아 개념뿐 아니라 교사가 스스로 자신의 자아 개념을 인식하는 것도 중요합니다. 왜냐하면 교사가 부정적인 자아 개념을 가지고 있으면 교실에 그 기운이 눈에 보이지 않는 바이러스처럼 그대로 전염되어 퍼져 나가기 때문입니다.

혹시 요즘 이런 고민을 하고 있지는 않나요? 교실 분위기가 왜 점점 더 조용해질까? 학생들이 왜 입을 다물고만 있을까? 친해져야 할 것 같은데, 학생들은 왜 나를 피할까?

교실 분위기가 어두워 나조차도 교실에 있는 게 답답하게 느껴진다면, 먼저 자신의 의사소통 방식을 객관적으로 점검해 볼 필요가 있습니다. 말은 단순히 의사 전달의 도구가 아닙니다. 말은 타인에게 전달될 때 그 사람의 의식에 영향을 미친다는 점에서 일종의 에너지입니다. 부정적인 자아 개념을 가진 교사는 자신도 모르는 사이에 계속 부정적인 에너지를 교실에 내보냅니다. 학생들이 나를 멀리하거나 만사에 의욕을 잃고 귀찮아한다면, 사실 그 모습은 교사의 부정적인 자아 개념을 그대로 반영하고 있는 것일지도 모릅니다.

먼저 자신의 자아 개념을 점검하라

그러므로 학생의 자아 개념에 앞서 먼저 교사로서 나의 자아 개념을 확인해야 합니다. 일상에서 나의 모습을 떠올려 봅시다. 나의 모습이 다음 11개 항목에 해당하는지 천천히 확인해 봅시다. 마음에 걸리는 항목이 바로 성찰에 주안점을 두어야 할 부분입니다.

교사 자존감 체크리스트[2]

❶ 나는 평소에 열등감으로 많이 괴로워하는 편이다. ☐

❷ 나는 나 자신이 가치를 인정받지 못하는 사람이라고 생각한다. ☐

❸ 나는 다른 사람에게는 관대하지만 자신에게는 굉장히 엄격하다. ☐

❹ 나는 내 생각보다 남의 생각에 좌우되는 편이다. ☐

❺ 나는 학생과 대화할 때마다 마지막 한마디는 꼭 내가 하고 끝낸다. ☐

❻ 나는 어떤 자리에 초대받았을 때 내 모습이 마음에 들지 않아 거절한 ☐
적이 있다.

❼ 나는 내가 학생들에게 실수해도 사과할 필요가 없다고 생각한다. ☐

❽ 나는 선생님에게 도전적인 학생은 절대로 용납해서는 안 된다고 ☐
생각한다.

❾ 나는 우리 반이 다른 반보다 더 높은 점수를 받는 게 목표다. ☐

❿ 나는 학생들에게 짜증을 많이 내고 불만을 자주 표현한다. ☐

⓫ 나는 내가 학생들보다 더 많이 알고 옳아야 한다고 생각한다. ☐

해당하는 항목이 있다면 하나하나 자세히 살펴봅시다.

❶ 나는 평소에 열등감으로 많이 괴로워하는 편이다.

무엇을 못해서 그러한가요? 어떤 면에서 내가 부족하다고 생각하나요? 수업에 자신이 없나요? 학생들이 다른 선생님의 수업은 좋아하는데 내 수업에는 흥미를 못 느끼는 것 같나요?

❷ 나는 나 자신이 가치를 인정받지 못하는 사람이라고 생각한다.

세상은 내가 없어도 잘 돌아가는 것 같고, 주변 사람들이 나를 별로 중요하게 생각하지 않는다고 느끼나요? 인정받고 싶은데 때로는 투명 인간이 된 기분이 드나요? 회의 때 내가 낸 아이디어가 제대로 평가받지도 못하고 무시되어 혼자 속상한 적이 있나요?

❸ 나는 다른 사람에게는 관대하지만 자신에게는 굉장히 엄격하다.

나는 어떠해야 한다는 강박이 있나요? 혹시 마음속 깊은 곳에 흐트러진 모습을 보이면 안 된다는 생각이 있나요? 일 처리를 잘 못해서 부정적인 피드백을 받을까 봐 절대 실수하면 안 된다는 강박에 사로잡혀 있지는 않은가요?

❹ 나는 내 생각보다 남의 생각에 좌우되는 편이다.

내 의견대로 일을 진행하다가 잘 안 될까 봐 부담스러운가요? 다른 사람의 생각을 따르는 게 갈등을 줄이기도 하고 나중에 책임지지 않아도 되니까 나의 생각을 잘 얘기하려 하지 않나요? 내가 어떤 의견을 냈을 때 다른 사람이 반박하면 의견 자체가 아니라 나 자신이 공격받고 무시당하는 것 같아 위축되나요?

❺ 나는 학생과 대화할 때마다 마지막 한마디는 꼭 내가 하고 끝낸다.

남을 가르치는 직업을 가진 사람들이 갖는 일반적인 성향입니다. 대화의 마지막에 무언가 의미 있고 교훈이 되는 말로 정리하고 싶은 욕구가 강합니다. 학생끼리 토론하고 그대로 수업을 마쳐도 되는데 마지막 강평을 꼭 하려고 하나요? 모든 의사소통의 순간마다 나의 권위를 인정받고 싶은 마음이 있나요? 특히 학생들과의 의사소통에서 무의식적으로 어떤 권위를 지키고 싶다거나 전문성 있는 훌륭한 선생님으로 보이고 싶은 속마음이 있지 않나요?

❻ 나는 어떤 자리에 초대받았을 때 내 모습이 마음에 들지 않아 거절한 적이 있다.

평소에 나의 어떤 모습이 마음에 들지 않았나요? 겉으로 보이는 외모가 마음에 안 들었나요? 아니면 그 자리에 합당하지 않은 실력을 갖추지 못했다고 생각했나요?

❼ 나는 내가 학생들에게 실수해도 사과할 필요가 없다고 생각한다.

긍정적인 자아 개념을 가지고 있는 사람은 학생에게 충분히 사과할 수 있습니다. 학생이 제출한 과제 노트에 커피를 쏟을 수도 있고, 제출한 과제를 미제출로 표시할 수도 있습니다.

교사는 슈퍼맨이나 슈퍼우먼이 아닙니다. 잘못 판단할 수도 있고, 언행에 실수가 있을 때도 있습니다. 사과한다고 교사의 권위가 실추되거나 자존감에 손상을 입지 않습니다. 오히려 누구나 아는 뻔한 잘못을 숨기려고 회피하거나 변명할 때 간단한 사과로 끝낼 일이 커지기 마련입니다.

❽ 나는 선생님에게 도전적인 학생은 절대로 용납할 수 없다.

학생들이 선생님에게 도전하는 경향은 과거보다 현재가 심하고, 현재보다 미래에 더욱 심해질 가능성이 큽니다. 수직적인 질서가 강조되던 우리의 의사소통 문화는 점차 그 위계가 좁혀지고 수평적인 방향으로 바뀌고 있습니다. 그러나 교사와 학생의 의사소통에서 수직적 의사소통과 수평적 의사소통을 어떤 비율로 유지해야 하는지에 정답은 없습니다.

말대꾸하거나 반항적으로 반응하는 학생을 도저히 용납할 수 없다는 생각이 마음속 깊은 곳에 있나요? 반드시 그 학생의 기를 꺾고 바로잡아야 한다는 강박이 있나요? 그 생각의 뿌리가 무엇인지 생각해 봅시다.

❾ 나는 우리 반이 다른 반보다 더 높은 점수를 받는 게 목표다.

마치 자신의 꿈을 못 이룬 부모가 아이를 닦달하듯이, 우리 반의 위치를 나의 위치와 동일시하고 있지는 않은가요? 나는 왜 여기서 자존감을 확인하려 드나요? 학생 한 명 한 명의 성장에 주목하지 않고, 반 전체 인원의 평균 점수에 더 신경 쓰는 이유는 무엇인가요? 우리 반의 점수와 나의 자존감을 연결하는 논리적 고리는 타당한 것인가요?

❿ 나는 학생들에게 짜증을 많이 내고 불만을 자주 표현한다.

짜증을 내는 건 개인의 성향일 수도 있지만 교사로서 자존감을 점검해야 할 대표적인 사례이기도 합니다. 우리 반의 수업 태도가 마음에 들지 않고 평소 행동도 성에 차지 않은가요? 늘 무엇인가 문제가 있다는 생각에 사로잡혀 있지 않은가요? 항상 좀더 나은 방향으로 개선되어야 할 것이 있다고 생각하나요? 그리고 그 문제의 원인이 나와 연결되어 있다고 생각하면 짜증이 커지나요? 짜증은 문제를 해결하기보다는 오히려 문제를 더 복잡하게만들 수 있습니다. 짜증의 원인을 찾아 그 원인을 해결할 방법을 생각해 봅시다.

⓫ 나는 내가 학생들보다 더 많이 알고 옳아야 한다고 생각한다.

가르치는 직업을 가진 사람들이 무의식중에 하기 쉬운 생각입니다. 그러나 강박을 가지면 인간관계에 어려움을 초래하고 교사 본인의 행복감도 떨어뜨립니다. 수영할 때 몸에 힘이 들어가면 물에 뜨지 않아 수영을 할 수 없는 것과 마찬가지 이치입니다.

학생들보다 더 많은 경험을 했고 더 많이 배웠더라도, 선생님이라고 어떻게 모든 것을 알고 매사에 옳은 선택을 할 수 있을까요? 나에게 그런 강박이 숨어 있지는 않은지 점검해 봅시다. 또 학생들 앞에서 잘 모르는 사안을 마주쳤을 때, 어떻게 현명하게 대처할 수 있을지도 생각해 봅시다.

┌─ ▶️ **함께 이야기할 문제** ─────────────

열한 가지의 항목 중에 여러분에게 가장 의미 있는 것 하나를 골라 관련된
경험을 다른 사람과 이야기해 봅시다.

└────────────────────────────────────

학생에게 긍정적인 자아 개념을 심어 주라

교사의 자아 개념이 교실에 미치는 영향을 알아보았다면, 이번에는 교사의 기대와 판단이 학생의 자아 개념에 어떻게 영향을 미

치는지 알아봅시다.

은지는 수학을 그다지 좋아하지 않는 학생이었습니다. 그런데 어느 날 수업 시간에 선생님이 칠판에 적어 놓으신 문제를 가장 빨리 풀었습니다. 별로 티 나지 않는 조용한 학생이었지만 선생님은 "네가 제일 빨리 풀었구나! 어디 보자. 다 맞았네."라고 한마디를 해 주셨습니다. 그다음 시간에는 선생님이 은지의 이름을 불러 주시고 바뀐 머리 모양에 대해서도 언급하셨습니다. 선생님이 이름을 불러 주고 관심을 보이니 은지는 수학 선생님이 좋아지고 수학 수업 시간도 기다려졌습니다. 수업을 열심히 듣다 보니 성적도 오르고 수학을 잘하게 됩니다.

이런 현상을 '선생님 효과'라고 합니다. 선생님이 관심을 보이고 선생님과 관계가 친밀해지면 학생의 자아 개념이 긍정적으로 변하여 학습 동기를 갖게 되고 그로 인해 학습 효과가 우수해지는 것을 말합니다.[3] 특별한 현상인 듯 '효과'라는 이름을 붙여 놓았지만 학창 시절에 누구나 한 번쯤은 이런 경험을 했을 것입니다. 물론 이와 반대의 경험도 있었을 겁니다. 이처럼 교사는 학생의 성적뿐 아니라 학생의 자아 개념에서 비롯되는 인생의 많은 부분에 강력한 영향을 미치는 존재입니다.

학생에 대한 교사의 기대와 감정은 교사의 언어적, 비언어적 표현에 녹아들어 학업에 대한 학생들의 자아 개념에 그대로 반영

됩니다. 자기 자신이 무언가를 잘할 수 있다고 인식하는 것을 자기 효능감이라고 합니다. 학업에서 자기 효능감이 높은 학생은 스스로 목표를 설정하고 목표를 달성하기 위해 자발적으로 노력하며, 실패해도 포기하지 않고 끈기 있게 지속하는 성향을 지니게 됩니다. 따라서 교사는 학생에게 특별히 학업 면에서 긍정적인 자아 개념을 심어 줘야 합니다.

학생과 소통하면서 교사가 주의해야 할 점이 있는데 바로 학생에 대한 판단입니다. 수업 시간에 질문에 자신 없게 답변한 학생을 보고 교사가 머뭇거리거나 '음' 하며 짧게 탄식하거나 갸우뚱하며 고갯짓을 합니다. 학생은 재빨리 교사의 반응을 알아채고 자신이 틀렸다는 사실에 부끄러워합니다.

물론 학생의 엉뚱한 답변에 모두 긍정적으로 반응해야 하는 것은 아닙니다. 그러나 학생도 자신이 옳은 답을 이야기하지 않았음을 직감하고 부끄러워하며, 선생님의 평가와 판단에 본능적으로 반응한다는 점에 주목해야 합니다. "응, 맞았어.", "아니야, 틀렸어. 다음 너!"라는 판단의 말을 직업적으로 계속해야 하는 교사는 무의식적으로 "옳다는 판단을 받아야 하고, 틀렸다는 판단은 피해야 한다."라는 메시지를 학생들에게 계속 전달하게 됩니다.

우리는 지금까지 도덕적 범주에 따라 자신의 행동과 타인의 행동을 판단하는 언어를 배워 왔습니다. 어려서부터 부모님과 선생님으로부터 우리의 언행 하나하나에 '옳다, 그르다', '맞다, 틀리다', '좋다, 나쁘다', '적절하다, 부적절하다', '잘했다, 잘못했다'와 같이 시비를 가리고 판단하는 말을 들어 왔습니다. 물론 우리의 행동을 바로잡고 예절 바른 사람으로 키우기 위한 말들이었을 것입니다. 이러한 언어 습관은 '습관'이라는 말뜻 그대로 저절로 익히게 되어 오랫동안 지속됩니다. 영화나 드라마를 보면서도 우리는 등장인물이 좋은 사람인지 나쁜 사람인지 끊임없이 판단하고 그들의 말 한마디, 행동 하나를 옳고 그름의 잣대로 평가합니다.

특히 남을 가르치는 것을 직업으로 삼은 교사는 끊임없이 학생의 태도나 성취를 판단하고 이를 표현해야만 하는 소통 환경 속에 살아갑니다. 이러한 소통 환경 속에서 교사의 기대와 판단은 학생에게 명시적인 말뿐 아니라 작은 머뭇거림, 냉소적인 표정, 부드럽지만 무성의한 말투로도 여실히 전달된다는 사실을 인식하고 늘 유의해야 합니다.

이름을 불러 주며 미소를 보이는 작은 행위로도, 학생이 제출한 과제 노트에 적은 격려의 한 마디에도 학생들은 크게 반응합니다. 반대로 교사가 무의식적으로 했거나 특별한 의도 없이 한 언행이 학생의 자아 개념에 큰 상처를 입힐 수도 있고 오래된 마음의 상처를 치유할 수도 있음을 알아야 합니다. 예를 들어 수학 실력이 부족한 은지에게 "너는 수학은 이 정도만 해도 괜찮겠어. 다음에 배울 것은 어려워서 힘들 거야."라고 말했다면, 선생님은 은지의 마음속에 도전해도 극복할 수 없는 한계를 만들어 버렸을 지도 모릅니다.

▶ 함께 이야기할 문제

학창 시절 선생님의 기대나 판단이 담긴 말을 듣고 긍정적이거나 부정적인 마음을 갖게 되었던 경험을 이야기해 봅시다.

낙인은 불필요한 결과를 낳는다

학생에 대한 낙인은 어떤 결과를 초래할까요? 5장에서 소개할 로젠버그의 비폭력 대화에서도 중요하게 다루겠지만 학생에 대한 도덕적 판단은 낙인을 찍는 행위입니다. 도덕적 판단 역시 우리 모두 누구나 경험해 봤을 겁니다. 앞서 이야기했듯이 우리를 지도하신 선생님들도 종종 우리를 평가하고 판단했기 때문입니다.

낙인을 찍으면 학생은 무능해지고, 부정적 예견에 맞추어 그런 사람이 되어 간다.[4]

『교사와 학생 사이』라는 책을 지은 심리학자 하임 기너트의 말입니다. 선생님의 말에는 강력한 힘이 있어서 학생은 선생님의 낙인에 따라 무능해지고 점차 그런 사람이 되어 갑니다. 다음의 대화 상황을 구체적으로 살펴봅시다.

첫 번째 상황입니다. 주희가 지각을 했습니다. 밑줄 친 말들이 바로 낙인을 찍는 말입니다.

야, 이주희, 왜 늦었어? 이번엔 뭐라 변명할 건데? 나는 네 말 한 마디도 못 믿어. 뭐, 버스? 버스를 안 놓치게 일찍 일어났어야지. 네가 버스를 하루 이틀 타니? <u>게을러터져 가지고.</u> 언제쯤 변할 거니? 네 오빠는 작년에 지각 한 번도 안 하고 성실한 모습을 보여 줬는데, 넌 왜 그러니? 네 어머니는 네가 이렇게 매일 지각하는 건 알고 계시니? <u>너 이거 못 고치면 고등학교 가서도 계속 지각하게 될 거고, 회사에 취업해서도 계속 지각할 거야.</u> 앞으로 어떻게 될 건지 너도 잘 알 거 아니야, 응? 다음부터 어떻게 할 거야? 말해 봐!

선생님은 주희의 말은 들으려 하지 않고 심지어 가족인 오빠까지 들먹이며 나무랍니다. 물론 지각이 잦은 학생에게 아무 말도 하지 말거나 지도하지 말라는 것은 아닙니다. 선생님의 마음에는 선의가 있었을 것입니다. 주희의 나태한 버릇을 바로잡아서 근면

한 학생으로 만들고 싶은 마음이 있었습니다. 그렇지만 그 마음은 말과 표정을 거쳐 전달되면서 주희의 마음에 낙인을 찍었고 심지어는 주희의 미래에 관해 부정적인 속단을 하고 말았습니다. 주희의 마음속에는 '나는 나태하고 구제 불능이구나'라는 자아 개념이 싹트고 이로 인해 장래에 성공적인 삶을 살 수 없을 것이라는 부정적 인식이 뿌리를 내리게 됩니다.

이런 경우에는 이렇게 말하면 낙인찍지 않고 대화할 수 있습니다.

주희야. 주희가 지각을 해서 수업 중에 들어오면 선생님이 수업을 하다 이렇게 멈추게 돼. 수업이 끊기면 선생님도 당황스러울 뿐만 아니라 친구들도 방해받게 되거든. 이런 상황이 발생하면 선생님은 정말 속상해. 다음부터는 좀 일찍 준비해서 출발할 수 있을까?

이것이 바로 나-메시지입니다. '너는 어떠하다'라는 낙인을 찍지 않고, 지금 상황에서 나의 감정을 솔직하게 말하면 됩니다. 당연히 수업의 호흡이 끊기면 기분이 상하기 마련이니 그 마음을 전하고, 원하는 바를 간단하게 요청하면 됩니다. 교사가 학생에게 자신의 감정을 드러내는 부분에서 어색함을 느끼거나 학생에게 감정을 드러내야 한다는 것에 동의하기 쉽지 않을 수 있습니다.

우리가 성장기에 보고 자란 선생님들이 그렇게 하시는 것을 거의 못 보았기 때문입니다. 주로 훈계조의 말투로 "다 너희들을 위해서 하는 말이야."라며 자연스럽게 낙인찍는 말을 해 왔으며 우리는 이를 너무나도 당연시하면서 들어 왔습니다. 아무리 선의를 가진 말도 그 말에 묻어 있는 낙인의 씨앗은 학생의 마음속에 부정적인 기운을 싹틔우고 깊은 뿌리를 내려 학생의 생각과 언행을 사로잡게 됩니다.

두 번째 상황에서는 연수가 교실 앞에 세워 놓은 보조 칠판을 넘어뜨렸습니다. 선생님은 연수가 정신을 바짝 차렸으면 좋겠다는 생각에 조금 강한 어조로 낙인찍는 말을 합니다.

야! 박연수 빨리 안 세워? 네가 쳐서 칠판을 넘어트렸으면 빨리 다시 세워야지 뭐 하고 있어? 진짜 답답하네. 그리고 왜 이렇게 덜벙대고 조심성이 없니? 칠판이 있으면 알아서 피해서 가야지. 너 이거 어떻게 할 거야?

선생님의 날카로운 말투와 한심한 듯 바라보는 표정에서 엄청난 낙인을 찍는 행위가 이어지고 있습니다. 학생을 쳐다보는 눈빛에서도 엄청나게 많은 낙인이 찍혔을 것입니다. 연수는 집에 돌아와 자려고 누웠지만 잠은 오지 않고, 실수한 장면과 선생님의 말이 계속 떠오릅니다. 연수의 마음속에는 '나는 멍청하고 덤벙대고 조심성이 없어.'라는 낙인이 선명하게 새겨지기 시작합니다.

이런 상황에서는 연수를 탓하지 않고 상황에 대해 이야기할 수 있습니다.

아이고, 칠판이 넘어졌네. 교실도 좁은데 칠판까지 세워 놨더니 결국 이렇게 되었구나. 칠판이 넘어지기 쉬우니 우리 모두 조심하자!

물론 부주의한 학생을 따끔하게 혼내서 정신을 차리게 하고 싶은 마음도 있고 그러한 생각이 틀린 것도 아닙니다. 그러나 학생의 잘못을 고쳐 줘야겠다는 마음에서 학생의 마음에 칼처럼 날카롭게 상처를 주지 않는지 늘 조심해야 합니다. 이러한 낙인찍는 말은 어른이 되어서도 잘 지워지지 않고, 낙인을 찍은 선생님을 원망하는 마음도 쉽게 사그라들지 않기 때문입니다. 선생님의 의도를 헤아리지 못하고 부정적인 마음을 오래 간직한 것이 학생의 미성숙한 마음 탓일까요? 아니면 학생의 마음이 야무지지 못하고 여리고 무르기 때문일까요?

주희가 지각한 날, 연수가 보조 칠판을 넘어뜨린 날, 선생님은 바쁜 일과를 마치고 일상으로 돌아갑니다. 선생님은 내가 오늘 주희와 연수에게 어떤 영향을 주었는지 아무런 의식이 없을지도 모릅니다. 담임 교사로서 지각한 학생에게 충고하고 부주의한 학생에게 훈계했기 때문입니다. 바로 여기에서 교사와 학생의 바람이 엇갈리기 시작합니다. 학생이 갑자기 말수가 줄고, 얼굴에 웃음기가 사라지고 눈길을 피하기 시작합니다. 그런데 교사는 언제부터 무엇이 잘못되었는지 가늠조차 할 수 없습니다.

인격은 공격하지 말라

기너트는 "상황에 대해 이야기하라. 성격과 인격에 대해서는 이야기하지 말라."는 원칙을 제시했습니다.[5] 예를 들어 과제를 늦게 제출한 학생에게, "너는 참 무책임하구나, 늘 제때 내는 법이 없지."라고 성격에 대한 도덕적 판단이 담긴 말을 하지 않고, "과제 제출이 오늘까지인데 기한이 넘었네."라고 상황만을 말하는 것입니다. 이 원칙에 따르면 비난과 분노의 표현, 칭찬과 요청의 표현, 학생에 대한 평가와 피드백 방식 등 일상의 말하는 태도를 근본적으로 바꿀 수 있습니다.

유학 시절에 이와 비슷한 경험을 한 적이 있습니다. 첫 학기에 다른 것보다 영어 글쓰기가 어려웠습니다. 편지나 일기 같은 간단한 일상적 글쓰기야 해 보았지만, 학술적인 글을 본격적으로 써 본 경험은 부족했고 사전을 찾아 가며 늘 어렵게 쓰기 과제를 해결해야 했습니다. 고령의 지도 교수는 제출한 과제에 항상 피드백을 몇 마디 적어 주셨습니다. 때때로 "너는 내용을 요약하는 능력이 뛰어나구나."라는 긍정적인 피드백이 적혀 있었습니다. 영어 글쓰기에 효능감이 낮았던 저는 매우 기뻤습니다. 어느 날은 충실하게 적지 못하고 매우 급하게 과제를 제출했습니다. 물론 낮은 점수를 받았고, "이번 과제에는 제대로 다듬어지지 않은 문장이 많네."라는 부정적인 피드백도 빨간 글자로 적혀 있었습니다. 그런데 그다지 기분이 나쁘지 않았습니다.

나중에 교사와 학생의 의사소통에 대해 연구하고 고민하면서 그때 기억이 불현듯 떠올랐습니다. 긍정적인 상황과 부정적인 상황에서 교수님의 피드백에는 어디에 차이가 있었을까요?

그렇습니다. 주어에 차이가 있습니다. 내가 잘했을 때는 '너'가 주어였고, 내가 잘하지 못했을 때는 '과제'가 주어였습니다. "너는 영어 글쓰기가 형편없구나. 유학생이면 더욱 노력해야지. 별로 노력하지 않는 것 같아."라며 저를 책망하지 않고, 내가 제출한 과제의 문장이 지적을 받았습니다.

교수님께서 이런 원리를 아시고 표현을 분별하여 사용하셨는지, 오랜 교육자의 생활에서 몸에 자연스럽게 밴 지혜인지 확인할 수는 없습니다. 어떻게 생각하면 '나'라는 존재 자체나 '내가 쓴 글의 문장'이나 매한가지라고 할 수도 있을 것입니다. 그러나 그 당시 학생으로서 느꼈던 감정이 고스란히 남아 아직까지도 한번씩 떠오릅니다.

이 부분에서 교사 화법이나 교사의 말하기에 관한 수많은 책을 읽은 것에 버금가는 매우 귀중한 지혜를 깨닫게 됩니다. 교사인 우리는 어리더라도 하나의 인격체인 학생을 존중하고, 외모든 성적이든 성격이든 학생의 자아에 상처를 입히는 말을 삼가야 합니다. 어떤 때 어떤 말을 해야 한다는 교사 말하기의 여러 기술을 익히기 전에, 일단 학생의 인격에 낙인을 찍지 않는 것을 원칙으로 삼아야 합니다. 학생의 인격을 비난하지 말고 객관적인 상황을 말해야 합니다. 이는 5장에서 다룰 비폭력 대화의 첫째 단계인 주관적 판단 대신 객관적 관찰이라는 대목과 그대로 맥이 닿아 있습니다. 칭찬과 동기 부여로 긍정적인 자아 개념을 심어 주는 것보다 선행해야 하는 것은 학생의 인격에 대한 판단을 멈추어 부정적인 자아 개념이 형성되는 것을 방지하는 것입니다.

교사와 학생은 서로를 비춰 주는 거울입니다. 학생들의 지친 표정과 처진 말투는 교사의 자아 개념을 비춰 줍니다. 때로는 수업이 흥미롭다며 학생들의 입꼬리에 번지는 작은 미소도 교사의 자아 개념을 비춰 주는 거울입니다. 가르치고 배우며 함께 성장해

가는 교사와 학생은 이렇게 어떤 날은 성장하고 어떤 날은 기가 죽습니다.

나부터 밝고 환한 거울로 학생들을 비춰 줍시다. 그것이 교사로서 나의 자아 개념이 회복되는 지름길이며 나아가 나의 성장을 위한 방법임을 깨닫게 될 것입니다. 장관의 표창과 교장의 칭찬보다 교사의 자아 개념에 내적인 기쁨을 선사하는 것은 학생들이 보내는 신뢰의 눈빛입니다.

📑 함께 이야기할 문제

1 다음 뉴스 영상을 보고 교사의 의사소통 방식에 대해 학생과 학부모의 입장에서 어떤 마음이 드는지 함께 이야기해 봅시다.[6]

"악취왕·돼지코" 별명 붙인 초등 교사	초등 1학년에 "공부 못하니 따로 앉아"	"한 반 10명, 담임에게 정서 학대당해"

2 교사는 보고서 쓰기 수행평가를 하고 있습니다. 학생의 수행에 대한 교사의 피드백 발화와 여러분의 평소 피드백 발화를 비교해 봅시다.

1) 글쓰기 과정에서 내용 생성하기가 충분히 잘되었을 때

지수 선생님, 제가 찾은 자료 좀 검토해 주시겠어요?
교사 그래, 어디 보자…. (검토 후) 지수야, 너는 참 자료를 찾고 선

별하는 능력이 뛰어나구나! 네가 찾은 이 자료는 주제에 딱 맞네. 또 이 도표도 네가 강조하고자 하는 내용을 뒷받침하는 데 필요한 거네. 설명하고자 하는 대상에 맞는 내용을 잘 찾았어.

지수 앗, 네! 감사합니다!

2) 글쓰기 과정에서 내용 생성하기가 잘되지 않았을 때

준수 선생님, 제가 찾은 자료 좀 검토해 주시겠어요?

교사 그래! 내가 한번 검토해 줄게. 음…. 여기 보면 이 신문 기사는 조금 주제에 적합하지 않은 면이 있네. 반려동물과 관련된 주제인데, 이 신문 기사는 야생 동물에 대해 다루고 있어서. 그리고 다음 자료를 볼까? 이 잡지에 나온 반려동물에 대한 의견은 내용은 좋지만 인터뷰한 사람이 반려동물에 대한 전문가가 아니라, 대중적으로 유명한 연예인이어서 신뢰도가 떨어질 우려가 있네.

준수 아, 그렇군요…! 그러면 처음부터 다시 찾아볼게요!

02

반복되는 대화의 패턴을 파악하라

교류 분석

지금부터는 거시적인 시점에서 의사소통이 일어나는 교실을 보고자 합니다. 먼저 가상 현실에 있는 한 교실을 상상해 봅시다. 여러분은 멀리 떨어진 곳에서 교실의 모습을 전체적으로 조망할 수 있습니다. 교실에는 선생님인 나의 아바타와 학생들의 아바타가 있습니다. 이제부터는 이 정도의 거리를 두고 가상 현실 속 선생님인 나의 아바타가 학생들의 아바타와 어떻게 소통하는지 살펴봅시다.

가상 현실 속의 아바타에게는 다섯 가지 의사소통 모드가 있습니다. 엄격한 부모 모드, 온화하고 인자한 부모 모드, 철두철미한 인공지능 로봇 모드, 자유로운 아이 모드, 순응하는 아이 모드입니다. 다섯 가지 모드에 따라 나의 아바타 선생님이 어떤 말을 하는지 들어 봅시다.

엄격한 부모 모드 입 다물고 얼른 책 펴라. (텅 빈 학생의 교과서를 보며)
그럴 줄 알았다. 내가 이거 풀어 보라고 했지.

인자한 부모 모드 그래, 참 잘했네. 정말 최고야. (학생의 눈을 바라보며)
너무 어려우면 언제든 말하렴.

인공지능 로봇 모드 (학생의 과제를 보며) 언제부터 이런 거야? 어디 보
자. 내용 구성이 문제군. 개요부터 잡아 보자.

자유로운 어린이 모드 날씨 참 좋다. 교실 안은 따뜻하니까, 남은 부분
은 밖에 나가서 읽자. (학생들과 친구처럼 어울려 밖으로 나간다.)

순응하는 어린이 모드 (교실 한 구석에서 위축되어) 이번 주까지 3단원 마
쳐야 해. 부장 선생님께서 그러라고 하셨어.

아바타 선생님의 다섯 가지 모드는 미국의 정신의학자 에릭 번
이 제시한 다섯 가지의 자아 상태 모델과 연결됩니다.[1] 번은 자아
상태를 크게 어버이, 어른(인공지능 로봇 모드), 어린이로 구분하고, 어
버이를 비판적 어버이(엄격한 부모 모드)와 양육적 어버이(인자한 부
모 모드)로, 어린이를 자유로운 어린이와 순응하는 어린이로 구분
합니다. 프로이트가 원초아, 자아, 초자아로 구분한 것과 일부 유
사한 점이 있습니다. 어버이, 어른, 어린이로 나누는 자아 상태는

나이나 역할과 무관하며 성장 과정에서 양육자와 같은 중요한 타인과의 상호작용으로 형성됩니다. 비판적 어버이 상태인 어린이는 매사에 다른 사람에게 훈계합니다. 자유로운 어린이 상태인 어른은 충동적이고 자기중심적으로 행동합니다. 학생과 원활하게 의사소통하기 위해서는 교사로서 여러분의 자아 상태를 먼저 인식해야 합니다.

자아 상태에 따라 소통 방식도 달라진다

우리 안에는 다섯 가지 자아 상태가 모두 존재하는데, 어느 성향이 강한지에 따라 개인의 성격과 소통 방식이 결정됩니다. 교사로서의 여러분의 자아 상태는 다섯 가지 중 어떤 것이 높고 어떤 것이 낮은지 생각해 봅시다. 또 이러한 자아 상태가 학생과 소통하는 방식에 어떻게 영향을 미치며, 각각의 장단점은 어떠한지 알아봅시다.

첫째, 비판적 어버이 자아 또는 통제적 어버이 자아는 성장기에 부모나 양육자의 가치 판단을 무비판적으로 내면화한 상태로, 타인을 통제하고 지도하려 합니다. 비판적 어버이 자아가 강한 교사라면 학생에게 독선적으로 자기주장을 말하고, "~해라." 또는 "~하지 마라."와 같은 명령조 말투, "네가 ~했으니, 이렇게 된 거야." 라는 비판적 말투, "내가 이렇게 하라고 했지."와 같은 책망하는 말투, "꼴 좋다. 이럴 줄 알았지."와 같은 조롱하는 말투 또는 거만 하고 고압적인 훈계조의 말투를 사용합니다.

비판적 어버이 상태의 교사는 유머 감각이 부족하고 독선적이 어서 학생들이 가까이 가기를 꺼립니다. 비판적 어버이 자아는 교 사로서 권위를 가지고 학생을 훈계하고 때로는 징벌적 지도를 하 는 등, 교실 내 규범을 지키고 질서를 유지하는 면에서는 도움이 됩니다. 하지만 교사에게 비판적 어버이 상태가 과도하게 지속되 면 교실의 의사소통 분위기가 경직되어 학생들은 주눅이 들고 자 율적으로 판단하지 않고 교사의 눈치를 보게 되는 단점이 있습니 다. 반면에 이러한 자아 상태가 부족하면 결단력이 없으며 게으르 고 느슨한 분위기가 형성됩니다.

둘째, 양육적 어버이 자아는 부모나 중요한 타인이 보여 준 행동 을 본받아 친절, 경청, 수용, 칭찬, 지지, 격려, 동정, 관용적인 태도 가 내면화되어 나타납니다. 상대에게 만족감과 행복감을 줍니다. 양육적인 부모 밑에서 자란 사람은 양육적인 말이나 몸짓이 내면 화되어 보호 본능으로 충만한 자아 상태가 형성됩니다.

양육적 어버이 상태의 교사는 학생의 괴로움을 자기 일처럼 느 끼고 감정에 공감합니다. 이 상태의 교사는 상냥하고 온화한 말투를 사용합니다. "참 잘했네, 넌 역시 최고야."와 같은 지지하고 격려하는 말투나 "선생님이 도와줄 테니 다시 한번 해 볼까?"와 같은 따뜻하게 도와주는 말투를 사용합니다. 학생들은 보살핌을 받으며 온정을 느낍니다.

그러나 양육적 어버이 상태가 지나치면, 학생들을 과잉보호하거나 지나치게 간섭하여 학생들이 자율적인 사람으로 성장하는 것을 방해할 수 있습니다. 학생을 처벌하기보다는 주로 용서하므로 교실의 질서가 무너질 수 있으며, "정말 천재구나."와 같은 무조건적인 격려와 칭찬은 학생의 과업 수행을 느슨하게 하여 성장에 장애가 될 수도 있습니다. 또한 주도적인 학생에게는 과도한 참견으로 인해 부담스러운 존재로 인식될 수도 있습니다. 이러한 자아 상태가 부족하면 차갑고 냉정한 분위기가 형성됩니다.

셋째, 자아 상태가 어른 자아인 경우 객관적인 정보를 수집하여 감정에 치우치지 않고 현실적이고 효율적으로 문제를 해결합니다. 어른 자아가 강한 교사는 공평과 논리를 지향하며 원인과 결과를 고려합니다. "언제부터 그랬는데?", "왜 그랬지?", "누가 그렇게 말했지?", "이건 이렇게 해야 해."와 같이 질문하고 해결책을 제시하는 표현을 사용합니다. 또한 감정이 절제된 객관적이고 중립적이고 말투를 사용합니다.

어른 자아 상태의 교사는 원숙한 일 처리와 합리적인 상호작용으로 교실을 안정적으로 만듭니다. 하지만 이러한 성향이 과도한 교사는 학생들과 컴퓨터와 같은 무미건조한 의사소통을 하거나 이해타산을 따져 인간미가 부족한 차가운 교실을 만듭니다. 어른 자아가 부족하면 비합리적으로 사람에 따라 의사결정하며 비현실적으로 사안을 다루는 분위기가 형성됩니다.

넷째, 자유로운 어린이 자아는 충동적이고 본능적 성향을 보입니다. 부모의 통제가 시작되기 전에 태어나면서부터 가지고 있던 자유분방한 행동을 합니다. 자유로운 어린이 자아가 강한 교사는 감정적이고 자기중심적인 면이 강하고, 규범이나 윤리에 구애받지 않고, 불쾌감과 고통을 피하고 쾌감을 추구합니다. 무엇이 좋고 싫은지 분명하고 솔직하게 말하고, 천진난만하게 웃기도 하지만 화가 나면 분을 못 참고 고함을 지르기도 합니다. 푸념을 늘어놓기도 하며, 실수했을 때 방어 기제로 화를 내기도 합니다.

자유로운 어린이 자아 상태의 교사는 학생들과 성향이 잘 맞을 경우 친구처럼 쉽게 친해질 수 있습니다. 또한 호기심이 강하고 적극적이어서 바람직한 방향으로 에너지가 사용되면 유쾌하고 창조적인 교실 분위기를 형성할 수 있습니다. 하지만 자유로운 어린이 자아가 지나치면 교사와 상호작용하는 학생들은 교사의 반응이 일관되지 않아 불안감을 느낄 수 있습니다. 교실에서 벌어지는 여러 일을 이성적으로 처리하기보다는 감정적으로 대처해서 학생이 상처를 입을 수도 있습니다. 반대로 자유로운 어린이 자아가 부족하면 자유가 통제되어 소극적이고 위축된 교실 분위기가 형성됩니다.

다섯째, 순응적인 어린이 자아는 수동적으로 복종하는 성향을 보입니다. 성장기에 마음대로 행동하면 부모에게 꾸중을 듣고, 부모의 기대에 부응하기 위해 눈치를 보면서 천진함을 잃은 경우입니다. 순응적인 어린이 자아가 강한 교사는 주체적으로 판단하기 어려워하며 결정을 미루는 경향이 있습니다. 자기 내면의 욕구나 감정을 억제하고 주변 사람의 기대에 부응하기 위해 눈치를 보면서 행동합니다. 이로 인해 우울한 감정이 생기고, 원망하는 마음을 품기도 합니다.

순응적인 어린이 상태의 선생님은 평상시에는 온순하고 순응적인 말투를 사용하여 편안한 상호작용이 가능합니다. 하지만 순응적인 어린이 자아가 과도하면 욕구 불만, 현실 회피, 열등감, 자기 비하로 이어집니다. 때로 임계점을 넘으면 갑자기 분노를 폭발하며 강한 저항감을 보이기도 합니다.

┌─ 💬 **함께 이야기할 문제** ─

1 영상 속 교사와 학생의 교류 방식에 대해 여러분의 생각을 이야기해 봅시다.[2]

학교 선생님한테 반말하면 어떻게 될까?

2 학생이 기말고사를 마치고 교사가 출제한 시험 문제가 어려웠다고 투덜거리는 상황입니다. 다섯 명의 교사들은 다음과 같은 말을 합니다. 여러분과 가장 가까운 교사는 누구인지 그렇게 말하는 이유를 들어 이야기해 봅시다.

교사 1 내가 수업 시간에 나눠 준 학습지 위주로 공부하라 했지? 자습서만 보고 문제만 많이 푼다고 되는 게 아니라니까?

교사 2 아이고~. 이번 시험에서 원하는 점수가 안 나와서 속상했구나. 괜찮아. 선생님이 보기에 다음에는 더 잘할 수 있을 것 같은데? 너무 걱정하지 마!

교사 3 많이 틀렸어? 왜? 별로 안 어려웠는데? 지난번 시험보다 몇 점 떨어졌어? 틀린 문제 잘 분석해 보고 다음에는 그 부분을 보완해서 공부하자!

교사 4 에이~. 시험 한번 못 본 걸 가지고 왜 그래! 괜찮아~. 선생님 지금 점심시간이라 밥 먹으러 가야 하거든? 밥 먹었어? 맛있는 거 먹고 기운 내자! 선생님이 초콜릿 줄까?

교사 5 시험 문제가 어려웠다고? (내가 가르치는 반이 점수가 더 낮게 나왔으면 어떡하지? 다른 반 선생님이 시험 문제 나오는 부분을 더 강조하신 건 아닐까?)

서로 다른 자아 상태의 교류 패턴을 파악하라

에릭 번은 자아 상태에 따른 의사소통 행위를 분석하는 것을 교류 패턴 분석이라고 했습니다. 비판적 어버이 자아의 교사와 순응적 어린이 자아의 학생이 대화하면 어떻게 될까요?

교사 학업 계획서 오늘까지 제출하라고 했지, 정신 안 차려?
학생 잘못했습니다. 선생님. 내일까지 가져오겠습니다.

선생님이 고압적인 태도로 질책하자, 학생은 바로 잘못을 인정하고 복종합니다. 이와 같이 발신자가 기대한 대로 수신자가 응답하면서 순환이 지속되는 교류를 상보 교류라고 합니다. 물론 지나치게 고압적인 교사와 과도하게 순응적인 학생의 복종은 바람직한 양상이라고 할 수 없습니다. 여기에서는 그런 가치 판단보다는 기대 수준 내에서 교류가 조절되면서 충돌 없이 지속되는 데 주목한 것입니다.

둘 다 자유로운 어린이 자아를 가진 교사와 학생이 마치 친구처럼 대화를 나누는 것도 상보 교류입니다. 상보 교류에서는 언어적 메시지와 비언어적 메시지가 일치하며 서로가 예상하는 기대 범위 내에서 반응이 오가므로 심리적 갈등 없이 원만하게 대화가 이루어집니다.

그렇다면 원만하게 대화가 지속되지 않고 충돌이 발생하는 경우는 언제일까요? 수신자의 반응이 발신자의 기대 범위를 벗어났을 때입니다.

교사 모둠별로 토론하라고 했는데, 왜 이리 조용하지?

학생 1 선생님, 토론 재미없어요. 밖에서 야외 수업하면서 놀아요.

학생 2 시험이 다음 주인데, 쓸데없는 토론하지 말고 그냥 자습하면 안 되나요?

학생 3 배경지식 설명도 없이 무조건 토론만 하라고 하는 것은 비효과적이에요. 먼저 중요한 개념을 설명해 주시고, 그다음에 저희가 토론하는 게 효과적일 것 같아요.

비판적 어버이 자아의 교사가 얼른 토론을 시작하라고 나무라자, 자유로운 어린이 자아의 학생 1은 토론을 하기 싫은 마음을 솔직하게 내비칩니다. 비판적 어린이 자아의 학생 2는 토론보다는 자습을 하는 게 낫겠다며 부정적으로 반응합니다. 어른 자아의 학생 3도 교사의 지시가 어떤 점에서 잘못되었는지 따지고 듭니다. 세 학생의 반응은 모두 선생님이 예상했던 학생들의 반응과는 거리가 있었을 것입니다. 따라서 이후 대화는 갈등으로 이어질 것으로 예상됩니다.

이처럼 발신자의 기대와 다른 반응으로 대화가 단절되거나 갈등이 빚어지는 현상을 교차 교류라고 합니다. 교차 교류는 인간관계 문제의 근원으로, 교류 분석에서 매우 중요합니다. 교차 교류가 지속되면 불쾌한 감정이 들기 마련입니다. 때로는 언어적 공격으로 여겨져 스트레스를 받게 되고, 더욱 강하게 반응하여 충돌이 커질 수도 있습니다. 그러므로 서로 대화하는 방식을 인식하여 어떤 자아 상태로 교류가 일어나는지 점검해야 합니다. 즉, 나의 자아 상태와 학생의 자아 상태의 교류 패턴을 분석하고 인식해야 합니다.

학생의 자아 상태를 파악하면 학생이 다르게 보인다

교사와 학생의 교류 패턴을 분석하고 인식하면 학생을 이해하는 데도 도움이 됩니다. 지영이는 자유로운 어린이 자아가 강한 학생입니다. 매사에 자기 자신의 감정에 충실하여 '좋다, 싫다'의 구분이 명확하고 천진난만하며 유쾌한 기질의 학생입니다. 선생님은 학습 활동을 안내하자마자, "재밌을 거 같아요." 또는 "이런 거 싫어요. 하지 마요."라는 말을 하는 지영이가 이해되지 않습니다.

지영이의 언행이 무례하다고 여겨지고 기분이 나빠집니다. 준비한 학습 활동을 해 보지도 않고 한마디로 싫다고 말하는 방식이 몹시 거슬립니다. '도대체 이 아이는 모든 것을 싫다와 좋다의 두 바구니에만 담는 것일까?'라고 생각하며 인상이 찌푸려집니다.

이런 상황에서 교류 패턴 분석은 지영이를 이해하는 안목을 제공합니다. 지영이의 반응은 자유로운 어린이 자아를 가진 학생의 지극히 자연스러운 말투입니다. 일단 이런 인식이 생기면 불쾌함과 스트레스가 조금 가십니다. "너는 어떻게 이분법적인 사고에 사로잡혔니? 세상의 모든 것이 그렇게 흑과 백으로 나뉘는 게 아니야. 스펙트럼처럼 연속적으로 존재한다고."라고 훈계해 봐야 지영이에게 부족하다는 핀잔만 주는 꼴입니다. 이러한 대치가 지속되면 교사와 학생의 관계는 악순환의 고리에 빠지게 됩니다.

물론 지영이의 예의 없는 말투를 고치는 게 우선이라고 생각할 수 있습니다. 그렇지만 모든 학생의 말투가 교사의 마음에 흡족할 수는 없습니다. 하물며 교사도 사람인지라 감정 기복이 있고 그날그날의 기분 상태도 일관되지 않은데 말입니다. 서로의 대화를 바라보는 객관적인 눈을 갖는 것만으로도 학생을 이해하는 데 도움이 됩니다. 학생의 본성을 무리하게 바꾸려다가 계속 갈등을 빚기보다는 잘 이해하고 선순환이 되도록 대화를 이어 나가는 것이 좋습니다. 지영이처럼 유쾌하고 낙천적인 기질의 학생들은 학급 분위기를 밝게 합니다. 교사가 유머 감각이 없어서 농담을 만들어 내지 못해도 이런 학생의 반응을 잘 이해하고 활용하면 교실 분위 기를 유쾌하게 조성할 수 있습니다.

교류 패턴을 의식하며 접근하면 비판적 어버이 자아를 가진 학 생과도 원만하게 대화할 수 있습니다. 하준이는 늘 모든 일에 문 제가 있다는 시각을 갖고 매사에 불평이 많은 학생입니다. 이런 학생은 문제를 개선해야 한다는 사명에 사로잡혀 있습니다. 교재 내용, 수업 방식, 학교의 제도도 문제 투성이라며 부정적인 현상 에 집중합니다. 사실 이런 학생은 자기 자신에게도 불만이 많습니 다. 자기 문제에 집중하며 자신을 바로잡기 위해 끊임없이 노력하 고 스트레스를 받습니다. 늘 마음이 편치 않고 즐겁지 않습니다.

비판적 어린이 자아의 하준이를 이해할 수 있을까요? "너는 뭐 가 그리 꼬여서 매사에 불만이냐?"라고 핀잔을 주어 보아야 역시 상대를 밀어내는 대화입니다. 학생의 자아 상태를 이해한다면 문 제 개선 의지를 칭찬해 주되, 타인과 자신에 대해 좀 더 관대해지 도록 대화를 유도하는 게 바람직합니다.

┌─ 🗣 함께 이야기할 문제 ─────────────────────────
│ 여러분이 경험한 교사와 학생의 교류 패턴에 대해 이야기해 봅시다.
└──

게임 패턴을 조심하라

교류 분석에서 에릭 번이 문제시한 교류 형태는 게임입니다. 게임은 타인을 교묘하게 조정하고, 그를 불리한 상황에 빠뜨려 심리적으로 우위에 서거나 실질적으로 이득을 얻으려는 상호작용 양상을 일컫습니다. 주로 직장의 상하 관계, 교우 관계 등 집단 내에서 힘과 권위를 확인하기 위해 사용됩니다. 게임은 지배와 복종의 나쁜 각본에 갇힌 교류 형태입니다.

교사가 학생을 대상으로 게임을 하고 있지 않은지 살펴야 합니다. 게임은 교사와 학생의 관계를 부정적으로 파괴합니다. 게임의 표현은 "이런 건 어때? 그런데 말이야~(Why don't you ~, Yes but ~)"입니다. 모든 제안에 반대하거나 변명하며 상대에게 열등의식을 조장하고 무력감을 느끼게 합니다. 이 게임의 덫에 걸리면 좌절과 혼돈에 빠져 허우적거리다가 임계점을 넘으면 분노가 폭발합니다.

교사는 마음에 들지 않는 학생과 무의식적으로 이런 게임을 할 수 있습니다. 학생이 과제를 열심히 했을 때는 과도한 상상으로 과녁을 벗어났다고 나무랍니다. 조금 부족한 과제에 대해서는 생각이 모자란다며 핀잔을 줍니다. 학생은 외통수에 갇혀 이러지도 저러지도 못하고 무력감에 지쳐 버립니다. 교사는 이 대화를 통해 힘을 드러내지만 교사와 학생의 관계에서 진정한 편안함은 없고 점점 멀어져서 결국 관계가 단절됩니다. 그래서 게임에 표적인 상대는 희생자가 됩니다.

> **학생** 이번 보고서 연구 주제를 토론으로 하려고 해요.
>
> **교사** 토론 좋지. 근데 범위가 너무 넓은데 감당 안 될 걸. 조금 좁히면 어때?
>
> **학생** 네, 그러면 토론에서 입론 부분으로 좁혀서 하나에 집중하면 어떨까요?
>
> **교사** 입론 중요하지. 근데 그건 너무 협소하지. 그리고 작년에 논문이 하나 나와서 독창적인 무언가가 더 있을까 모르겠네.
>
> **학생** 아, 그렇군요….
>
> **교사** 내일 토론 특강이 있는데, 참석해서 배우면 어떨까?
>
> **학생** (당황하며) 내일은 친척 결혼식이 있어서 참석이 어려운데요.
>
> **교사** 보고서 쓰려면 이번 특강 듣는 게 좋을 텐데. 어쩔 수 없군.

대화가 진행되면서 학생은 자신이 모든 면에서 부족하다고 느낍니다. 교사의 마음에 들게 논문 주제를 잡지는 못하고, 세미나에 참여하려는 열정과 학업에 임하는 태도도 부족합니다. 친척 결혼식에도 안 갈 수 없고, '예'로도 '아니요'로도 대답할 수 없는 외통수에 걸려 난처해하고 있습니다. 교사는 스스로 이런 게임을 하고 있는지 성찰해야 합니다. 특별히 잘못된 것이 없는데 자꾸 학생이 나를 멀리하지 않는지, 별일 아닌 일로 갈등이 생기지는 않는지, 이런 현상들을 들여다보아야 합니다.

거꾸로 교사가 표적이 되어 학생의 게임에 희생자가 되는지도 생각해 보아야 합니다. 학생들이 나를 곤경에 빠뜨려 게임을 하게 된다면 이를 잘 식별해서 회피하고 거부해야 합니다.

자신의 인생 각본을 인식하라

에릭 번은 각자가 자아 상태에 따라 인생을 살아가는 방식을 각본이라고 했습니다. 말 그대로 인생 각본입니다. 배우는 드라마 속에서 각본에 부여된 역할 정체성에 따라 살아갑니다. 해피엔드 각본도 있고 그렇지 않은 것도 있습니다. 나는 어떤 작품 속에서 어떤 자아 상태로 살고 있는지, 내 자아 상태가 만들어 낸 인생 각본을 인식해야 합니다.

자아 상태는 '상태'라는 말 그대로 일순간이 아니라 상당 시간 지속되는 양상을 의미합니다. 이 상태가 고착되면 자기만의 인생 각본이 형성되고 이 각본 속에서 각본에 어울리는 역할로 살아갑니다. 자기의 알을 깨고 나오라는 수많은 동기 부여 강연의 내용도 바로 비극적인 인생 각본에서 탈피하라는 것입니다.

각본은 성장 과정에서 형성되며 태도, 행동, 의사소통의 목적과 방식 전반에 영향을 미칩니다. 마치 하나의 인생 슬로건을 가지고 있는 것과 같습니다. 낙천주의 각본을 가진 사람은 "어떻게든 되겠지. 잘될 거야."라는 슬로건을 가지고 있습니다. 염세주의 각본을 가진 사람은 "이생망(이번 생은 망했다)."이라는 슬로건을 가지고 있습니다. '이생망' 각본을 가진 사람을 떠올려 봅시다. 매사에 실패자의 정체성으로 푸념하고 남 탓을 하기 일쑤입니다. 강한 사람에게 계속 당하면서 빠져나오지도 못하고 계속 자기 탓만 하는 사람은 어떤 인생 각본에서 살고 있는 것일까요?

에릭 번은 이런 인생 각본은 미리 정해진 것이 아니고 바꿀 수 있으므로 자기 삶의 각본을 분석하고 상황을 바꾸기 위해 노력해야 한다고 하였습니다. 이를 위해 '예'와 '아니요'를 분명하게 말하는 것부터 시작해야 합니다.

에릭 번은 이 인생 각본을 명확하게 구분하는 프레임을 제안하였습니다. 'I'm OK / I'm not OK / You're OK / You're not OK' 프레임입니다. 인생 초기에는 양육자가 나를 보호하고, 나는 양육자의 도움이 필요하므로, I'm not OK / You're OK 프레임에 있습니다. 이 상태의 각본이 지속되면 매사에 자기를 벌하게 됩니다. 교사도 자신이 문제이고 학생들에게는 문제가 없다고 여기면,

늘 자기 탓을 하며 학생들에게 승인을 얻고자 눈치를 살피게 됩니다. 여기서 더 나가서 I'm not OK / You're not OK 각본으로 사는 교사는 자기 파괴적일 뿐만 아니라 학생을 탓하며 공격하는 성향을 보입니다. 가장 흔한 I'm OK / You're not OK 유형은 훈계하고, 지시하고, 통제하는 각본 속에서 살아갑니다. 이런 현상이 지나치면 독선과 오만이 되어 학생의 자존감 형성에 부정적인 영향을 미칩니다. 가장 바람직한 것은 I'm OK / You're OK 프레임을 갖도록 의식적으로 노력하는 것입니다.

🗨 함께 이야기할 문제

다음은 학년 회의에서 다른 교사들이 우리 반 수업 분위기가 안 좋아 수업이 어렵다고 이야기하는 상황입니다. 여러분은 어떤 프레임을 가지고 있는지 함께 이야기해 봅시다.

	You're OK	You're not OK
I'm OK	요즘 날이 좋아서 그런지 아이들도 기분이 들떴나 보네요. 주의도 주고 잘 타이르겠습니다. 앞으로 변화하는 저희 반을 기대해 주세요!	제가 종례 시간에 잘 훈계하도록 하겠습니다. 항상 강조하는데 수업 시간에 왜 그렇게 어수선하고 시끄럽게 하는지 모르겠어요.
I'm not OK	그래요? 제가 담임이 처음이라 아직 미숙해서 그런가 봐요. 죄송해요. 아이들은 하나같이 예쁜데 제가 학급 경영에 더 신경 쓰도록 하겠습니다.	저희 반이 유독 힘든 애들만 모인 것 같아요. 저는 항상 그렇더라고요. 제가 문제가 있는 건지. 매년 저희 반이 제일 힘들다는 이야기 듣는 것도 이젠 지긋지긋해요.

각본을 바꿔 교실 영화의 장르를 바꾸자

성경을 비롯한 여러 고전에서는 인간관계의 황금률로 "내가 원하는 대로 상대에게 대접하라."라고 가르칩니다. 따뜻한 환대를 받고 싶으면 나부터 먼저 온기 어린 인사를 건네야 합니다. 교묘한 조정의 희생자가 되지 않으려면 나부터 분명하고 솔직한 의사소통을 해야 합니다. 또 "나보다 남을 낫게 여기라."라는 말도 있습니다. 나이가 들수록 I'm OK / You're not OK의 각본에 사로잡히기 쉽습니다. 이럴수록 관대하고 겸손한 마음 자세로 사람을 대할 때 I'm OK / You're OK의 각본에서 자아 상태의 균형이 이루어질 수 있습니다.

교사는 인생의 많은 시간을 교실에서 학생과 교류합니다. 나는 어떤 각본에서 어떤 자아 상태로 소통할지 결정해야 합니다. 에릭 번은 이를 시간 구조화라는 용어로 설명합니다. 앞서 설명한 게임이 시간을 단기적으로 구조화한 예라면, 각본은 장기적으로 구조화한 예입니다. 그렇다면 여러분은 여러분의 교사 생활을 어떤 각본으로 만들고 싶은가요? 어떻게 교사로서 여러분의 시간을 구조화할 건가요?

탐정물처럼 서로가 조종자가 되어 속고 속이는 게임을 하다 모두 희생자가 되는 시간 구조화인가요? 액션 스릴러처럼 공격과 방어만 난무하여 지속적으로 상처를 주고받는 시간 구조화인가요? 감미로운 영화 음악 속에서 서로를 존중하며 온기 어린 대화로 서로 성장하는 감동적인 시간 구조화인가요? 시나리오 작가가 되어 내가 만드는 교실 영화의 인생 각본을 생각해 봅시다. 또 영화의 연출자가 되어 나의 교사 인생 각본을 바람직한 방향으로 편집해 봅시다.

📢 함께 이야기할 문제

여러분의 교실 영화는 어떤 장르이며 어떤 서사 구조로 전개되는지 함께 이야기해 봅시다.

03

마음으로 다가가 꾸밈 없이 대하라

자기 노출

교사가 되기 위해 준비하던 때를 떠올려 봅시다. 여러분은 어떤 선생님이 되고 싶었나요? 지금의 여러분은 어떤가요? 훌륭한 선생님이라면 어때야 한다는 여러분만의 기준이 있나요? 여기서는 바람직한 교사상에 관해 이야기를 나누어 보겠습니다.

『교사 역할 훈련』의 저자 토머스 고든은 훌륭한 교사라고 하면 떠오르는 이미지를 다음과 같이 정리했습니다.[1]

훌륭한 교사는…

차분하고 쉽게 흥분하지 않으며 항상 온화함을 유지한다.

결코 냉정을 잃지 않으며 여간해서는 격한 감정을 보이지 않는다.

학생에 대한 자신의 진정한 감정을 감출 수 있으며, 실제로 감쪽 같이 숨긴다.

무엇보다 일관된 태도를 견지한다. 변덕을 부리지 않으며 공평무사하다.

챙겨야 할 일은 절대로 잊지 않는다.

감정이 고조되지도 의기소침해지지도 않는다.

실수도 저지르지 않는다.

이대로라면 정말 슈퍼 교사입니다. 여러분은 나도 이런 선생님이 돼야겠다고 생각할 수도 있습니다. 그렇지만 한편으로는 너무 인간적이지 않고 마치 AI 교사 같이 느껴지기도 합니다. 특히 '자신의 진정한 감정을 학생에게 감춘다.'라는 대목에 눈길이 갑니다. 슈퍼 교사의 이러한 모습이 갖는 장단점이 오늘 이야기할 핵심 주제입니다.

본격적인 이야기를 시작하기에 앞서 한 가지만 확인하고 넘어갑시다. 고든이 말한 훌륭한 교사상에는 반전이 있습니다. 고든은 자신의 책에 실제 25년 동안 교직 생활을 한 선생님의 회상을 실었습니다.

지난 25년 동안 저는 스스로에게 줄곧 슈퍼 교사의 역할을 부여했습니다. 겉으로 보아선 아무 탈이 없었습니다. 저는 될 수 있는 한

최상의 교사가 되고 싶었죠. 하지만 이따금 너무 맥이 빠지고 기진맥진해져서 그 역할을 걷어치우고, 있는 그대로의 제 모습, 즉 한 인간으로 되돌아오곤 했습니다.

그런데 이상하게도 그럴 때면 저와 학생들의 관계는 더욱 친근하고 실질적으로 변해 있었습니다. 가르치는 학생들과는 거리를 유지해야 한다고, 친밀감은 경멸을 낳는다고 배웠고, 학생들이 진짜 제 모습을 알게 되면 상황을 통제할 수 없게 된다는 경고를 누차 들어왔던 저로서는 그 사실을 깨닫고 놀라지 않을 수 없었습니다. 슈퍼 교사 역할을 포기했을 때 전혀 두려움이 없었던 건 아니지만, 그렇게 함으로써 비로소 진정으로 아이들을 가르칠 수 있고, 아이들 역시 제게 진정으로 배울 수 있다는 걸 알게 되었습니다.

- 교직 경력 25년 교사의 회상[2]

교직 생활 25년이면 짧지 않은 경력입니다. 이 선생님에게는 아마도 여러 시행착오가 있었을 겁니다. 초임 교사일 때는 '친밀감은 경멸을 낳는다.'라는 말을 믿고 학생들에게 권위를 인정받고 싶은 생각이 강하게 들었을 겁니다. 학생들에게 교사의 내면을 드러내거나 감정을 표출하면 약한 모습을 보이는 것이고 그러면 교사로서의 권위가 무너져서 교실에서 학생을 통제하는 힘을 잃고 말 것이라는 생각에 사로잡혔을 겁니다. 물론 그것도 틀린 생각은 아니지만 변증법적 관계처럼 양 끝단을 오가며 어딘가에서 접점을 찾았을 겁니다.

교사가 모든 권위를 내려놓고 학생들에게 우습게 보이거나 친밀감을 넘어 무시당하기까지 하는 그런 위험을 감수해야 하는 것은 아닙니다. 그러나 교사의 권위는 무엇이며 어떠해야 한다고 생각하는지, 그 생각이 교사와 학생의 관계를 방해하고 있지는 않은지, 나아가 교사가 교직 생활에서 행복감을 느끼는 데 방해가 되지 않는지 살펴볼 필요는 있습니다.

이 선생님도 시간이 흘러서야 이것을 깨달았습니다. 비인간적인 모습이 학생들과의 관계를 형성하고 유지하는 데 좋지 않았던 것입니다. 관계는 상호적인 것이라 인간적인 모습을 드러낼 때 본인도 내적 평화와 행복감을 찾았습니다. 이러한 맥락에서 우리가서 있어야 할 교실의 모습과 그 안에 있어야 할 나와 학생의 모습에 대해 진지하게 이야기해 보겠습니다.

▶ 함께 이야기할 문제

선생님으로서 어떤 권위를 가져야 하는지 여러분의 견해를 말해 봅시다. 그 생각의 뿌리는 무엇이며 어떻게 형성되었나요?

삶을 풍요롭게 하는 교육은 어떻게 가능한가

비폭력 대화로 유명한 로젠버그는 『삶을 풍요롭게 하는 교육』
이라는 책에서 이렇게 말했습니다.[3]

교육의 목적은 삶을 풍요롭게 하는 것이다. 우리의 마음, 가슴, 정
신을 확장하는 것이다. 그 반대는 배움의 호기심과 기쁨, 탐구심
과 비판적 사고를 억누르고, 타인을 배려하지 않는 마음과 폭력을
불러일으키는 행동 모델이다.

로젠버그가 생각하는 교육이 일어나는 교실의 모습은 학생의
삶이 풍요로워지는 곳입니다. 당연히 학생의 삶이 풍요로워질 때
교사의 삶도 풍요로워질 것입니다. 우리는 막연하게 교육을 통해
서 더 좋은 대학에 가고, 더 많은 지식을 알고, 시험에서 높은 점
수를 받아 남들보다 앞서가는 그런 학교의 모습을 생각하고 있을
수도 있습니다. 그러나 로젠버그는 교사와 학생의 마음과 가슴과
정신이 확장하여 서로의 삶이 풍요로워지는 그런 교실을 꿈꿨습
니다.

반대로 나쁜 교실은 '악몽'이라고 표현합니다. 배움의 호기심
과 기쁨, 탐구심과 비판적 사고를 억누르고 배려하지 않는 교실입

니다. "야! 그딴 질문하지 마!", "수업 시간에 그런 엉뚱한 생각 하지도 마!", "그거는 나중에 배울 거니까 그때 말하고."라며 학생의 호기심을 짓누릅니다. 또 타인을 배려하지 않고 폭력적인 언행을 합니다. '너는 어떠어떠해.'라는 판단하는 말로 "왜 이렇게 게을러! 학업 계획서 왜 안 가져왔어?"라며 다그칩니다. 마치 교도소나 군대에서처럼 학생들은 교사의 지시와 복종을 일사불란하게 따라야 합니다.

정반대의 모습처럼 보이지만, 삶을 풍요롭게 하는 교실과 악몽 같은 교실은 한 끗 차이입니다. 비밀은 교사의 권위를 어떻게 슬기롭게 사용하는가에 있습니다. 선생님이 강박적으로 권위를 세우려고 하거나 외부에서 주어진 권위에 의존할 때, 학생을 올바른 방향으로 지도하려는 선생님의 선의는 악몽으로 표출될 수 있습니다.

잘못을 고쳐 줘야 한다는 강박

진리를 탐구하고 지식을 구성해 가는 교실 대화는 본질적으로 옳은 것을 가르치고 잘못된 것을 정정해야 하는 경우가 많습니다. 그러나 교실에서 이루어지는 모든 의사소통이 잘잘못을 판단하고 지시하거나 명령하는 내용으로만 이루어진다면 교실은 악몽이 될 수밖에 없습니다.

상대의 말에 공감하기보다는 잘못된 점을 지적하고 명령하려는 사람과 대화한다면 대화의 즐거움은 급속도로 줄어듭니다. 성우처럼 예쁜 목소리를 가진 사람이라고 하더라도, 늘 상대가 틀렸다고 주장하고 상대를 통제하려는 사람과는 대화하기를 꺼리게 됩니다. 그런 사람은 인간관계에서 어려움을 겪습니다. 이는 선생님과 학생의 관계에도 똑같이 적용됩니다.

무의식중에 '당연히 내가 학생들보다 많이 알지.', '내가 학생들의 잘못을 고쳐 줘야지.'라고 생각하거나 심지어 '내가 옳은 일을 시켰는데 학생들이 왜 내 말을 안 듣지?'라고 생각하는 선생님은 말과 표정과 말투로 늘 학생들을 밀어내고 있을 수 있습니다. 정말로 학생들보다 더 많이 알고 항상 옳아서 학생들의 부족한 부분을 채워 줄 수 있기 때문에 교사로서의 권위가 유지되는 것인지, 교사가 권위가 있다고 하더라도 학생들은 언제나 어떠한 의문도 가지지 않고 교사의 말을 따라야 하는지 숙고해 보아야 합니다.

한편 아무리 더 많이 배우고, 더 많은 것을 경험한 선생님이라도 학생과의 이야기에서 교집합을 발견할 수 있습니다. 이럴 때는 잘못을 지적하고 서로 생각이 다른 부분을 드러내어 '나는 너와 생각이 달라.'라는 메시지를 전달하기보다 서로 공감대를 이룬 부분에 주목하는 것이 좋습니다. 서로에게 공감하며 이야기를 나누다 보면 학생뿐만 아니라 선생님도 강박을 내려놓고 대화에서 즐거움을 느끼게 될 것입니다.

상과 벌에 의존하면

악몽 같은 교실에서 자주 발견되는 또 다른 풍경은 교사가 학생과 거래하는 모습입니다. 거래는 교사가 상과 벌이라는 권위에 의존하여 학생의 잘못된 행동을 교정하거나 학생을 올바른 행동으로 유도하려 할 때 주로 나타납니다.

교사는 단순하게 지식을 전달하는 사람이 아닙니다. 학생들이 하기 싫어하는 공부를 하도록 동기를 부여해야 하며, 동시에 삶의 태도에 영향을 미쳐 인생의 길을 안내하는 역할도 해야 합니다. 그런데 이러한 동기 부여의 수단이 보상과 처벌일 때 교사와 학생의 소통은 거래가 됩니다. 학생은 교사의 요구를 충족하면 보상을 받고, 충족하지 못하면 처벌을 받습니다.

이러한 리더십을 거래적 리더십이라고 합니다. 보상과 처벌은 전통적으로 사람을 움직이는 동기 부여의 수단입니다. 하지만 보상과 처벌로는 개인 내면의 근본적인 태도를 변화시킬 수 없습니다.

반면 개인 내면의 정체성을 변화시켜 기대 이상의 성과를 발휘하게 하는 리더십을 변혁적 리더십이라고 합니다. 변혁적 리더십에서는 개인의 목표, 가치, 정체성, 태도에 영향을 주는 지도자의 의사소통 행위가 중시됩니다.[4]

교실에서 교사의 권위는 매우 중요합니다. 하지만 이 권위가 학생의 성장에 기여하는 방향으로 사용되지 않고, 교사의 권력을 공고히 하는 방향으로만 사용된다면 교실 안에서 풍성한 의사소통은 기대하기 어렵습니다. 지배의 언어는 교사와 학생의 수직적 관계의 기울기를 더욱 가파르게 할 뿐입니다.

교사가 가지고 있는 상벌 자원으로 통제되는 교실은 진정한 인격적 교류를 기대하기 어려운 거래의 장이 될 것입니다. 이 모든 것은 교사의 인식에서 비롯합니다. '학생의 행동을 교정하는 게 중요해.', '나는 학생을 통제할 자원을 가지고 있어.'라는 비뚤어진 교사의 권력 의식은 교실을 악몽으로 만들어 갑니다. 악몽같은 교실에서 교사와 학생은 서로의 욕구와 감정을 투명하게 드러내지 못한 채 서로 인간적으로 의지하지 못하고, 나와 너라는 대립 구도 속에서 긴장감만 고조될 것입니다.

▷ **함께 이야기할 문제**

다음은 학생이 독서 시간에 책 읽기를 거부하며 지루하다고 하는 상황에서 교사가 대응하는 방식입니다. 여러분의 대화 방식과 비교하며 거래적 리더십과 변혁적 리더십의 관점에서 이야기해 봅시다.

1) 시비를 가리는 교사
그냥 좀 읽으라면 읽어! 선생님이 도움 안 되는 거 시키겠니? 나중에 다 뼈가 되고 살이 될 거야.

2) 거래하는 교사
힘들더라도 하루에 20쪽씩 읽자. 다 읽으면 칭찬 스티커 붙여 줄게. 칭찬 스티커 30개 모으면 햄버거 쿠폰받는 거 알지?

자기 노출 이론

시비를 가리거나 거래하는 부정적인 소통 상황을 개선하고 교사와 학생의 바람직한 관계를 형성하기 위해 함께 생각해 볼 주제는 투명성입니다. 교사는 학생과의 관계에서 개방성과 투명성이 갖춰져야 비로소 학생과 거리낌 없이 솔직해질 수 있습니다.[5]

사회심리학에서는 인간관계가 형성되는 원리로 자기 노출에 주목합니다. 사람과 사람이 처음 만나 관계가 형성되어 발전되고 유지되는 과정에서 자기의 내면을 드러내는 소통 행위가 결정적인 역할을 한다는 것입니다. 투명성의 개념은 초기에는 개인의 심리적 건강 상태를 설명하기 위해 사용되었다가 점차 사회심리학자들이 인간관계의 형성과 발전의 중요 기제로 사용하게 되었습니다.[6] 자기 노출 이론에서 강조하는 기본 전제는 '인간관계의 발전과 자기 노출의 정도는 비례한다.'는 것입니다. 자기의 내면의 감정과 욕구를 드러내지 않고 폐쇄적으로 상대를 대하면 인간관계의 발전을 기대할 수 없습니다. 처음 만난 사람과 이런저런 이야기를 하면서 서로를 알고 이해하게 되며 친해진 경험은 누구에게나 있습니다. 자기 노출 이론은 이러한 자연스러운 사귐의 과정을 이론적으로 설명한 것입니다.

자기 노출 이론이 또 강조하는 바는 상호성의 규범입니다. 관계 발전과 자기 노출이 비례한다고 만나자마자 서로의 신뢰가 형성되기도 전에 무턱대고 상대가 감당하기 어려운 이야기를 하는 것은 적절하지 않습니다. 또한 상대가 적절한 자기 노출로 내면 이야기를 할 때 한쪽은 자기의 생각이나 감정을 꽁꽁 싸매고 노출하지 않는다면 서로의 기대가 형평성을 잃게 되어 적절한 속도로 관계 발전이 이루어지지 않게 됩니다. 그러므로 의사소통 참여자들은 서로의 반응을 지혜롭게 살펴 가며 적절한 자기 노출을 해야 합니다.

자기 노출과 관련된 대표적인 이론은 사회적 침투 이론입니다.[7] 이 이론은 인간관계의 발전을 외면 층위에서 내면 층위로 침투를 허용하는 정도로 설명합니다. 이러한 층위를 이 이론에서는 양파에 비유합니다. 관계성이 형성되는 초기에는 위험이 수반되지 않은 표면적인 정보를 노출하며, 관계가 발전할수록 자기 내면 층위의 정보를 노출한다는 것입니다.[8]

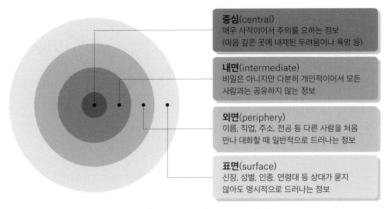

중심(central)
매우 사적이어서 주의를 요하는 정보
(마음 깊은 곳에 내재된 두려움이나 욕망 등)

내면(intermediate)
비밀은 아니지만 다분히 개인적이어서 모든
사람과는 공유하지 않는 정보

외면(periphery)
이름, 직업, 주소, 전공 등 다른 사람을 처음
만나 대화할 때 일반적으로 드러나는 정보

표면(surface)
신장, 성별, 인종, 연령대 등 상대가 묻지
않아도 명시적으로 드러나는 정보

사회적 침투 이론의 네 가지 정보 층위

이 이론에서는 침투의 폭과 깊이를 중요 변인으로 다루고 있습니다. 침투의 폭은 노출하는 정보의 범위 폭을 말합니다. 교사가 학생들에게 자신에 관해 다양한 범위의 이야기를 두루 하는 경우가 이에 해당합니다. 침투의 깊이는 양파의 가장 안쪽까지 침투를 허용하는 것을 의미합니다. 학교 홈페이지에서나 찾을 수 있는 아주 표면적인 정보까지 침투를 얕게 허용하는 선생님도 있고, 깊게 허용하는 선생님도 있습니다. 다음은 이와 관련된 교사의 대화 사례입니다.

학생 선생님! 여름 방학에 가족들이랑 속초 갔다 왔는데요. 선생님
은 방학 동안 어디 다녀오신 데 있으세요?

얕게 허용하는 교사 뭐, 선생님도 어디 다녀오긴 했지. 근데 그건 개인
적인 이야기니까 수업 준비하자. 교과서 27쪽 펴 볼까?

깊게 허용하는 교사 아, 선혜는 속초 다녀왔구나? 선생님은 여수 다녀
왔는데. 우리 둘 다 바닷가로 놀러 갔었네. 재미있었겠다. 그러
면 우리 재미있었던 이야기는 시간 남을 때 좀 더 하기로 하고
일단 교과서 27쪽 펴 볼까?

이 이론을 교사와 학생의 관계성에 적용하는 이유는 어떤 원칙
과 정답을 발견하기 위함이 아닙니다. 교사로서 나는 얼마나 넓고
깊게 학생의 침투를 허용하는지를 자각하기 위함입니다. 무조건
넓은 것도 깊은 것도 정답이 아닙니다. 교사의 성향과 상황에 따
라 여러 변수가 적절성을 가늠하는 지표가 될 것입니다.

교사의 자기 노출에 대한 연구 결과를 살펴보면서 함께 이야
기해 봅시다. 연구 결과에 의하면 교사는 일반적으로 자기를 노출
할 때 학생들이 자신의 모습을 좋아하지 않을지도 모른다는 두려
움을 지니며, 공식적 상황보다 비공식적 상황에서 일대일 관계의
자기 노출을 선호한다고 합니다. 또한 경력이 많은 교사가 경력이
짧은 교사에 비해 자기 노출의 정도가 크다고 합니다. 교사의 효

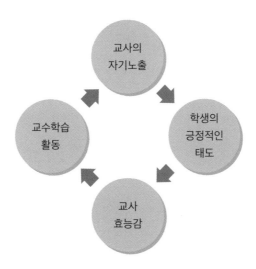

과적인 자기 노출은 교사에 대한 학생의 긍정적인 태도를 신장하고, 이는 교사 효능감에 영향을 끼쳐 교수·학습 활동에 긍정적인 영향을 주는 선순환의 고리를 만든다고 합니다.[9]

🎭 함께 이야기할 문제

양파라는 비유를 이용하여 '학생에게 깊은 침투를 허용해야 한다.'라는 의견과 '좁고 얕은 침투를 허용해야 한다.'라는 입장으로 나누어 토론해 봅시다.

관계에 신뢰를 더하는 자기 노출

교사는 학생과 함께 의사소통할 때 이 과정을 잘 염두에 두어야 합니다. 자기 노출 이론의 기본 전제와 유의 사항이 적절한 균형을 이루어야 합니다. 학생들의 정보는 많이 알고자 하면서 나의 정보를 말하지 않는 경우도 바람직하지 않습니다. 학생들의 정보에도 관심이 없고 나의 정보도 말하지 않으면 상호 의존적인 관계를 전혀 기대할 수 없게 됩니다. 하지만 교사로서 자신의 정보를 상황에 맞지 않게 과도하게 노출하면 당연히 여러 위험에 직면할 수 있습니다.

가장 안전하면서 효과적인 자기 노출은 수업의 맥락에서 교사의 경험을 예로 드는 경우입니다. 성공했던 경험일 수도 있고 실패했던 경험일 수도 있습니다. 전학 가서 처음 자기소개를 효과적으로 하여 금방 친해졌던 경험도 좋고, 발표 준비가 부족해서 말하기 불안을 경험했던 이야기도 괜찮습니다. 학생들은 다른 사례보다 교사의 사례에 더욱 몰입하고 동기 부여됩니다.

효과적인 수업을 위한 교사 화법에서도 자기 노출이 유용할 수 있지만 여기에서는 교사와 학생의 인간적인 유대를 회복하고 신뢰를 형성하는 자기 노출에 대해 이야기해 보겠습니다.

낯빛이 어두운 학생에게 교사는 자기의 어린 시절을 이야기합니다. 학생이 듣고 어떤 반응을 보일지 가늠하기 어려운 교사의 부끄러운 과거를 이야기합니다. 아마도 동료 교사는 그런 위험한 자기 노출을 왜 하냐며 핀잔을 주었을 수도 있습니다. 지금부터 그 교사가 자신의 가정 폭력 경험을 학생들 앞에서 말한 '마중물'이라는 제목의 글을 소개합니다.

마중물

중학교 입학과 함께 아버지는 집을 나갔다. 적게나마 돈을 벌던 아버지가 사라지자 쌀통도 비고 식탁 위 반찬도 자취를 감추었다. 아파트 게시판엔 관리비를 내지 못한 우리 집 호수만 빨간 글씨로 남아 있었다. 사춘기 소녀의 자존감이 무너졌다. 매일 빚쟁이들이 찾아와 초인종을 눌렀다. 어머니와 나는 집에 있어도 대답할 수 없었다. 밤에도 불을 켜지 못한 채 어둠 속에서 밥을 먹었다.

일 년 후 아버지가 돌아왔다. 우리는 빚쟁이들에게 집을 경매로 내어 주고 이사 갔다. 새집은 경춘 국도 주변의 나지막한 산, 개천이 흐르는 벼랑 옆에 있었다. 예전에 아버지가 사기를 당해 사 둔 이 요상한 땅에 놓인 컨테이너가 우리 집이었다.

처음에는 빚쟁이가 오지 않아 그나마 행복했다. 하지만 가난이 사라진 건 아니었다. 학교에는 육성회비를 내지 못했다. 어려운 형편이 몰고 온 가정불화는 더 무서웠다. 부모님은 매일 싸웠고, 그 끝은 아버지의 욕설과 폭력이었다. 울화통이 터진 어머니가 나에게 퍼부은 악담과 화도 온전히 감당해야 했다.

(…) 시간이 흘러 컨테이너 집에서 탈출했고, 나는 교사가 되었다. 하지만 부모님은 여전히 돈 때문에 싸우고, 집은 월세를 벗어나지 못했다. 어디에서도 쉽게 꺼내지 못한 이야기다. 나의 치부였고, 이런 삶을 사는 건 세상에 나 하나라는 생각에 자존심이 상했다. 하지만 내가 자진해서 그 이야기를 꺼내게 되었다. 누가 시키지도 않았는데 말이다.

아침 수업을 하는 어느 날, 눈이 퉁퉁 부은 학생을 발견했다. 구석에는 팔짱을 낀 채 고개를 푹 숙인 학생도 있었다. 두 아이의 모습에서 옛날의 나를 보았다. 나는 아이들에게 그 시절 내가 듣고 싶었던 말을 꺼내 놓았다. "혹시 부모님이 집에서 자주 싸우시니? 너희만 그런 거 아니야. 우리 부모님도 엄청 싸웠어. 돈 때문에."

대뜸 말하고 나니 학생들이 의아한 듯 쳐다보았다. 교단에서는 누구보다 명예롭고 싶었던 나는 자존심을 내려놓고 가난했던 시절 가정 폭력 이야기를 풀어 냈다. 학생들은 나를 동정했다. 어떻게 그런 곳에서 살았냐고 되묻는 학생들 말이 하나도 기분 나쁘게 들리지 않았다. 나는 상처를 드러내 햇빛에 말리는 중이었기 때문이다. 그리고 나처럼 상처를 밖으로 꺼내려고 하는 아이들 얼굴이 밝아지고 있었기 때문이다.

아이들은 숙였던 고개를 들어 나를 보았다. 눈빛이 초롱초롱해지고, 축 처진 입꼬리도 올라갔다. 신기한 점은 그날 교실에 있었던 학생모두 같은 표정이었다는 것이다. 가정 환경이 어려운 아이뿐 아니라 소위 잘나가는 부모님을 둔 학생도 내 이야기를 듣고 기분을 풀었다.

"너희만 아픈 게 아니야. 다 똑같아. 그러니까 나만 불행하다고 생각하기 없기다. 옆에서 웃고 있는 친구도 모든 날이 행복진 않아.

비교하면서 속상해하기 없기!" 그 시절 나에게도 누군가가 그런 이야기를 해 주었다면 조금 덜 힘들지 않았을까. 누구나 감당할 만큼의 아픔이 있고, 다들 견디려고 노력한다. 살다 보면 어느새 아픔은 과거가 되어 있을 것이다.

음습한 곳에 방치한 상처는 더 곪기 전에 꺼내서 말려야 한다. 가난을 돈으로 극복했다는 드라마 같은 일은 내 삶에 없었다. 하지만 상처는 극복했다. 그날 사십여 명의 학생이 조금은 힘을 얻었으리라 믿는다. 내 아픈 과거가 아이들을 위로하는 마중물이 된 듯했다. 오늘의 문제가 나 혼자 겪는 일이 아니라는 사실만으로도 위로를 얻지 않았을까.

(서울시 노원구 김보라 님[10])

이 선생님은 눈이 퉁퉁 부은 아이와 가라앉는 감정을 주체하기 어려워 고개를 푹 숙인 아이의 모습에서 학창 시절 자신의 모습을 발견했습니다. 따끔한 충고도 '잘될 거야.'라는 어설픈 위로도 아니고 자신의 이야기를 부끄러움도 없이, 나를 어떻게 생각할까 라는 두려운 감정도 없이 투명하게 풀어 냈습니다. 그리고 학생들 눈빛이 초롱초롱해지고 입꼬리가 올라가는 예상치 못한 경험을 했습니다. 학생들에게 도움을 주려는 의도에서 본능적으로 한 이야기가 학생들은 물론이고 자기도 치유하는 경험을 했습니다. 어쩌면 어느 정도 치유가 이루어졌으므로 학생들 앞에서 자기 노출을 했을 것입니다. 아픈 경험이 있는 학생이든 그렇지 않은 학생이든 모두 공감하며 서로 인간적으로 연결되는 따뜻한 경험의 물줄기를 솟아오르게 한 것은 이 글의 제목처럼 교사의 자기 노출의 마중물 한 바가지였습니다.

내 안에 '권위는 스스로 만드는 것이다.', '친밀감은 경멸을 불러온다.', '경계를 허물면 위험해진다.', '나에 대해 많은 것을 얘기할수록 불리해진다.'라는 생각이 있지 않은지 점검해 봅시다.

이러한 의식은 어떻게 형성되었나요? 학창 시절에 선생님들의

월터 크레인이 그린 『욕심쟁이 거인』 삽화

권위적인 모습을 보며 자연스럽게 체득한 건가요? 선배나 동료 교사의 조언에서 비롯된 건가요? 이런저런 사회생활을 통해 얻은 나름의 삶의 원칙인가요? 그 의식의 뿌리를 점검하지 못하고 사로잡히면 아이들이 떠난 정원에서 스스로 쌓은 담장에 갇힌 욕심쟁이 교실에서 거인처럼 고립의 경험을 하게 될 것입니다.

┌─ 🗨 함께 이야기할 문제 ─────────────────────────────

여러분에게 '권위는 스스로 만드는 것이다.', '친밀감은 경멸을 불러온다.', '경계를 허물면 위험해진다.', '나에 대해 많은 것을 얘기할수록 불리해진다.'라는 생각이 얼마나 있으며 그 생각은 어떤 행동을 유발하는지 이야기해 봅시다.

선생님이 알아야 할
대화법

04

교실에 활기가 없을 때

유머 화법

우리가 어렸을 때부터 교실에서 선생님께 가장 많이 들어 온 말은 무엇일까요? 아마도 조용히 하라는 말일 것입니다. 사람들이 흔히 떠올리는 이상적인 교실은 선생님께서 계속 말씀하시면 학생들은 그 말씀을 경청하는 모습일 겁니다.

　그런데 시끌벅적하면서도 진지할 수는 없는 것일까요? 유쾌함과 진지함은 교실 내에서 공존할 수 없는, 대립하는 가치일까요? 우리 교실 안의 분위기가 경직되어 있었던 것이 사실입니다. '군사부일체'라든가 '스승의 그림자도 밟지 않는다.'라는 옛말처럼 우리는 교사의 권위를 중시했습니다. 수업도 학습자 중심의 참여형 수업보다는 주로 정보 전달식 수업으로 이루어졌습니다. 요즘보다 학급당 학생 수가 훨씬 많았고 수업 방식도 그렇다 보니 학생들은 조용히 경청해야 했고, 시종일관 교실 안을 채운 것은 주로 선생님의 목소리였습니다.

선생님만 말할 수 있는 교실 환경 속에서 성장했기 때문에 자연스럽게 우리는 유쾌한 교실이나 시끌벅적한 교실은 다소 바람직하지 않다는 생각을 갖게 되었을지도 모릅니다. 여기에서는 유머가 있는 유쾌한 분위기의 교실이 과연 부정적인 것인가를 함께 생각해 봅시다.

즐거우면서도 진지한 교실

수업에서 효율적인 교수 행동 요인에 대해 교수와 대학생에게 따로 물어본 연구가 있습니다. 이 연구에서는 전문성, 상호작용, 유머 등 열네 가지의 교수 행동 요인을 나열하고 어떤 것이 교실에서 효율적인지 물었습니다. 교수들의 답변에서 열네 개 항목 중 전문성은 1위를 유머는 13위를 차지했습니다. 교수들은 교실에서 유머는 중요하지 않으며 없어도 된다고 인식하고 있었습니다. 반면에 대학생들의 답변은 어떨까요? 대학생들은 전문성을 1위로, 유머를 2위로 꼽았습니다.[1]

교수나 학생이나 효율적인 교수 행동 요인으로 전문성을 선정한 것은 당연한 결과입니다. 하지만 유머에 대해서는 교수와 학생의 차이가 매우 컸습니다. 교수들은 수업을 구성하는 데 유머가 대수롭지 않은 요인이라고 여기지만, 학생들은 유머에 매우 중요한 가치를 둡니다. 미국 대학의 연구 결과에서도 대학생의 74%가 건설적인 유머 사용을 긍정적으로 인식하고 있다고 합니다.[2] 우리나라 중고생 308명을 대상으로 설문 조사를 한 결과 교사의 인성 특성 중 유머 있는 태도를 기대한다고 합니다.[3]

그리고 교사의 유머 필요성을 주제로 예비 교사 265명을 대상으로 설문 조사한 연구도 있습니다. 예비 교사는 주로 교육대학, 사범대학, 교육대학원 등에서 교사 임용을 준비하는 학생들입니다. 이들은 학생의 정체성도 가지고 있지만 예비 교사라는 말이 의미하듯이 자신이 미래에 수행할 직업으로서 교사의 정체성도 가지고 있습니다. 교사에게 유머가 필요하냐는 질문에 예비 교사의 88%가 필수적이라고 답했습니다. 또한 현재 자신이 유머 감각이 있는지 여부를 떠나서, 76.6%의 예비 교사가 유머 소양을 갖추기 위해 노력할 계획이 있다고 응답했습니다.[4]

교사인 여러분은 학생의 시기를 지나 현재는 가르치는 사람의 정체성을 가지고 있습니다. 가르치는 사람의 관점에서는 교육 내용의 전문성이나 효과적인 교수·학습 방법에 우선순위를 두고, 유머는 불필요하거나 부차적인 것으로 여기기 십상입니다. 심지어는 수업을 방해하는 것으로 유머를 인식하기도 합니다. 하지만 학습자의 관점에서 유머는 단순히 수업 분위기를 밝게 하는 것을 떠나 효율적인 교수 행동 차원에서 매우 중요하다는 것을 이해할 필요가 있습니다.

그렇다면 여러분에게 질문해 보겠습니다. 진지하면서도 즐거울 수는 없을까요? 교육학자이자 철학자인 존 듀이는 이렇게 생각했습니다.[5]

즐거우면서도 진지해질 수 있다. 그것이 바로 가장 이상적인 정신 상태이다.

존 듀이는 반성적 사고로 유명해서 얼핏 생각하면 교실 분위기에서 진지함을 강조할 것처럼 여겨집니다. 하지만 그는 즐거우면서도 진지한 수업 분위기가 가능하며 그 상태가 가장 이상적이라고 하였습니다. 즐거움과 진지함은 서로 반대편에 있는 대립적 가치가 아니라 그 둘이 수업에 공존할 때 가장 이상적인 상태가 된다는 것입니다. 우리는 전통적으로 학생이 조용히 경청하는 수업을 이상적으로 여기고, 학생들이 웃고 낄낄거리는 수업을 부정적으로 여기고 있지 않은지 한 번 생각해 보아야겠습니다.

그렇다면 수업에서 진지해야 할 때와 유머러스해야 할 때는 어떻게 구분할 수 있을까요? 수업 시간에 우선 진지하게 강의를 듣거나 연습 문제를 푼 다음, 친구들과 모둠에서 유쾌하게 이야기하는 상황을 생각할 수 있습니다. 그러나 진지함과 유쾌함이 공존하는 상황을 생각할 수도 있습니다. 모두가 관심 있는 주제에 대해 열띠게 토론하는 경우, 수업 분위기는 진지하면서도 유쾌할 수 있습니다. 목욕탕에 비유하면 전자는 냉탕과 열탕을 오가는 상황이고 후자는 온도가 적절한 온탕에 해당합니다. 상황에 따라 이 둘은 다르게 적용되겠지만 진지해야 할 때와 유쾌해야 할 때를 이분법적으로 분리해서 생각할 필요는 없습니다. 진지함과 유쾌함이 동시에 어우러지는 경우도 있기 때문입니다.

> **💬 함께 이야기할 문제**
>
> 여러분이 생각해 온 이상적인 수업 분위기에 대해 진지함과 유쾌함이라는 가치를 중심으로 이야기해 봅시다.

유머에 관한 오해

유머라고 하면 농담하기 같은 것을 먼저 떠올릴 것 같습니다. "저는 유머 감각이 없어요.", "내가 말하면 사람들이 재미없어해요."라고 생각하는 사람도 많을 겁니다. 그러나 유머는 단순히 농담하는 기술이 아닙니다. 낙천적이고 열린 마음으로 삶에 임하는 긍정적인 태도를 의미합니다. 유머는 외적으로 표현되는 웃음과 함께 유쾌함의 가장 두드러진 특징입니다.[6] 유머라고 해서 모든 학생이 배꼽을 잡고 크게 웃는 경우만 있는 것은 아닙니다. 그러한 일시적인 웃음보다 낙천적이고 열린 분위기 속에서 유쾌한 미소가 지속되는 교실이 더욱 바람직할 수 있습니다.

보통 유머 감각이 있는 사람만 유머를 구사할 수 있다고 생각하는 경향이 있습니다. 그렇지만 '나는 유머 감각이 없어.', '나는 말하는 재주가 없어.'라고 생각하며 지레 포기할 필요가 없습니다. 낙천적이고 유쾌한 태도를 가지면 됩니다. 유머는 선천적인 재능이라기보다는 후천적으로 함양이 가능하여 얼마든지 삶의 태도로 지향할 수 있는 것입니다.

예비 교사를 대상으로 한 연구에서도 예비 교사의 12.5%는 유머가 선천적이라고 답했으며 78.5%는 유머가 선천적인 면이 있지만 후천적으로도 함양이 가능하다고 응답했습니다. 연구자는 선천적이라고 생각하는 예비 교사에 대한 인식을 전환하는 것이 교사 교육에서 가장 선행되어야 한다고 주장했습니다.[7]

유머는 인간관계와 친밀감 형성에 도움이 됩니다. 우리는 다른 사람과 인간관계를 맺으면서 유머가 어떤 기능을 하는지 잘 알고 있습니다. 특별히 『애착 교실』의 저자 루이스 코졸리노는 교실에서 유머를 사용했을 때의 효능을 소개하고 교실에 유머를 도입해야 한다고 강력하게 주장했습니다. 유머는 정서적인 면에서 학생의 불안감, 긴장감, 우울감, 스트레스를 감소시키며, 교사에 대한 친근감, 신뢰감, 호감을 증가시켜 교사와 학생의 관계 증진 및 애착 관계의 수단으로 작용합니다.[8] 학생은 유머를 구사하는 교사를 성격이 원만하다고 느끼므로, 유머는 학생과 교사의 내적 친밀감을 증진하는 정서적 이익을 가져다줍니다.[9]

유머가 학생의 정서에 도움이 된다거나 교사와 학생의 친밀감을 형성한다는 말은 상식적으로는 알고 있습니다. 그런데 유머에는 교육적 기능도 있습니다. 이를 실증적으로 검증한 연구가 있습니다. 미국 애리조나대학교의 랜스 애스킬드슨이란 연구자는 "언어 교실에서 유머가 마음을 좀 더 편안하게 합니까?"라고 질문했는데, '그렇다'가 34%, '매우 그렇다'가 44%로 긍정적인 응답이 78%나 되었습니다. 동일한 질문에 대한 교사의 응답은 '그렇다'가 36%, '매우 그렇다'가 64%로 100% 긍정적인 답이 나왔습니다. 또 "교사의 유머 사용이 교실에서 학생이 교사에게 더욱 가깝게 다가가고자 하는 마음이 들게 합니까?"라는 질문에 '그렇다'가 43%, '매우 그렇다'가 37%로 80%의 학생이 긍정적인 답변을 했습니다.[10]

유머러스한 선생님이 된다는 것은 학생들에게 우스운 선생님이 되는 것과도 다릅니다. 선생님은 유머를 활용하는 능력을 갖추면 됩니다. 더욱이 교사의 권위라는 가치는 교실에서 매우 중요한 것이지만, 선생님이 인상을 쓰고 학생들을 꼼짝 못 하게 한다고 해서 교사의 권위가 세워지는 것도 아닙니다.

군 복무 중에 비슷한 일을 겪은 적이 있습니다. 소대장으로 처음 부임해서 임무를 수행하던 시절에 매우 인기 있는 드라마가 밤 늦게 방영되었습니다. 군인들은 10시에 소등하고 모두 자야 하는데 그 드라마가 워낙 재미있었어서 몇몇 병사가 불을 끄고 몰래 드라마를 시청했습니다. 그런데 마침 당직 근무 중이던 저의 동료 소대장이 이 장면을 목격했습니다. 그는 즉시 야구 방망이를 휘둘러 텔레비전 브라운관을 부숴 버렸습니다.

결과가 어땠을까요? 처음에는 소대원들이 소대장의 말에 꼼짝 못 하고 복종하는 것처럼 보였습니다. 점차 시간이 흘러갈수록 소대장에 대한 신뢰가 약해지고 소대원들은 '소대장은 우리들의 마음을 이해하려 하지 않는구나.'라고 생각하면서 소대장과 소대원의 관계도 소원해졌습니다. 게다가 소대장의 명령도 은근히 무시하기 시작했습니다. 저는 옆에서 이런 모습을 보면서 '충격적인 행동으로 버릇을 단번에 고쳐야겠다.', '소대원들을 한번 잡아야겠다.'라는 생각에서 나온 위협적인 행동이 역효과를 초래할 수 있다는 것을 깨달았습니다.

　　신문이나 방송 등에서 버릇없는 학생들과 무례하게 교사에게 대든 학생들에 대한 소식을 어렵지 않게 보고 들을 수 있습니다. 교권 실추와 관련한 여러 사건 사례가 증가하고 있으며 이 문제가 심각한 것도 사실입니다. 그렇다고 해서 교사와 학생의 관계를 너무 수직적인 관점으로 보면서 교사의 권위를 회복하는 방법이 학생들을 꼼짝 못 하게 하는 방식으로 흘러가서는 안 됩니다.

그럴수록 오히려 유연하게 대처하는 방법이 필요합니다. 학생의 공격적인 언행에 어떻게 대처하고 방어하는지, 그런 학생들을 어떻게 설득하는지에 대해서는 이후의 장에서 자세하게 다루겠습니다. 여기에서는 교사의 유머로 유쾌한 교실을 만들고 학생의 언행에 유연하게 대처하는 방법에 대해서 함께 알아보고자 합니다.

▶ 함께 이야기할 문제

본문의 "유머는 단순히 농담하는 기술이 아닙니다. 낙천적이고 열린 마음으로 삶에 임하는 긍정적인 태도를 의미합니다. 유머는 외적으로 표현되는 웃음과 함께 유쾌함의 가장 두드러진 특징입니다."라는 내용에 대한 여러분의 견해를 이야기해 봅시다.

유머의 원리와 효과

교사의 유머는 어떻게 만들어지는 걸까요? 연구자들은 유머가 발생하는 핵심 원리로 부조화 또는 불일치를 제시합니다. 교사의 유머는 일반적으로 학생들이 예측하지 못한 상태에서 부조화된 의사소통을 유발하여 웃음을 유발하는 것입니다. 이러한 원리를 이론적으로 설명한 것이 부조화 이론입니다.

부조화 이론: 일반적으로 생각했을 때는 전혀 상관이 없거나 모순 되기까지 한 것들이 기대하지 않은 어떤 면으로 놀랍게 연결될 때 웃음이 발생한다는 이론으로 모순성 이론이라고도 한다. 즉, 특정 상황에 관련된 개념과 그 개념에 관련되었다고 여겨지는 실제 사물 간의 모순 또는 불일치를 인식하는 순간에 유머가 발생하는 것이다. 이때 중요한 것은 불일치 자체가 아니라 그것을 지각하고 그 의미가 풀리는 순간이 중요하므로 부조화 해소 이론이라고 부르기도 한다.[11]

구체적으로 사례를 들어 보겠습니다.

준서 너 MBTI가 뭐야? 나는 ENTJ인데.
서윤 응, 보면 몰라? 나는 C-U-T-E야.
준서 응, 너도 T랑 E구나. 어쩐지. 잠깐! 에이 뭐야. (하하)

준서와 서윤의 대화는 성격 검사인 MBTI 테스트를 화제로 전개되고 있습니다. 자신의 MBTI를 말하면서 서윤에게 질문한 준서는 당연히 서윤이 MBTI에 대해 이야기할 것이라고 예측합니다. 서윤의 대답을 처음 듣고는 MBTI에 사용되는 T와 E가 나오니까 현재 대화 맥락에서 자신과 비슷한 성향이라는 생각을 합니다. 그런데 앞에 나온 C와 U가 MBTI에 사용되지 않는 것을 알게 됩니다. 이 과정에서 준서의 예측이 빗나가는 결과가 나타나 놀람을 경험합니다. 준서는 대화 과정을 처음부터 추론해 봅니다. 알파벳 네 개를 연결하여 그것이 귀여움을 뜻하는 cute임을 알아차리고 예상 밖의 논리 관계에 대해 깨닫고 웃음을 터트립니다.

이렇듯 유머는 대화가 자연스럽게 전개되는 과정에서 상대가 예측하는 결과와 다른 말을 하여 부조화가 생성되면서 긴장이 발생하고, 그 부조화된 말이 현재 대화 맥락이 아니라 다른 대화 맥락에서 나름의 논리 관계로 설명되면서 긴장이 해소되는 과정에서 웃음을 유발합니다. 준서와 서윤이의 대화에서 준서는 성격 검사의 맥락에서 대화를 하는데, 서윤이는 일부러 성격과 관련이 있지만 다른 대화 맥락에서 해석되는 cute라는 단어를 사용해서, 부조화로 인한 긴장을 만들고 해소하여 웃음을 유발했습니다.

이런 원리로 유머는 학습자의 주의력과 기억력을 향상합니다. 유머를 이해하기 위해서는 불일치하는 정보를 결합해야 하는데 이러한 복잡한 사고가 두뇌의 네트워크를 활성화하여 두뇌의 성장을 자극합니다. 또한 유머가 새로운 정보와 결합할 때 정보에 대한 기억 효과가 커집니다. 인간의 두뇌가 새로운 경험을 하거나 새로운 것을 학습할 때 신경 회로를 재배열하고 강화하는 특성을 신경가소성이라고 합니다. 유머가 바로 이 신경가소성을 자극하여 학생의 주의력과 기억력이 향상됩니다.[12]

유머는 사물들 사이의 새로운 관계를 찾는 행위로 창조성과 밀접한 관계가 있습니다. 정보의 불일치를 해소하는 유머의 이해 과정에는 기존의 정보를 여러 맥락에서 동원하는 유연한 사고 과정이 필요합니다. 이러한 인지 작용은 문제 해결을 위한 창의적 사고력을 기르는 데 도움이 됩니다.[13] 서로 무관한 아이디어가 하나로 통합되면서 둘 사이의 관계를 즉각적으로 인식하여 통찰력이 섬광처럼 번쩍이고 창의적 생각이 폭발적으로 일어나는 현상을 아서 케스틀러는 이중 연상 이론으로 설명했습니다. 이중 연상 이론 하나의 현상을 바라보는 기준틀과 새로운 기준틀이 이중으로 동시에 활성화되면서 상황을 다르게 해석하도록 만든다고 봅니다.[14]

🔖 함께 이야기할 문제

교실에서 여러분이 경험했던 유머 대화의 사례를 소개하고 부조화 이론으로 설명해 봅시다.

유머 100% 활용법

품격 있는 유머

교실에서는 인간관계에 도움이 되는 친화적인 유머를 사용해야 합니다. 학생의 단점을 비웃고 놀리면서 웃음을 유발하는 것은 가장 저급한 유머입니다. 예능 프로그램에 많이 나오는 이러한 유머 방식은 그 순간에는 웃을 수 있지만, 놀림의 대상이 되는 사람에게 상처를 줄 수 있습니다. 특히 놀림성의 유행어 또는 비속어를 사용하거나 웃긴 별명을 부르는 경우 학생에게 부정적인 감정을 유발할 수 있습니다.

적대적이지 않으면서 나와 상대 모두 즐거우며 전체 분위기를 편안하고 기분 좋게 만드는 유머가 품격 있는 유머입니다. 또한 교사와 학생 모두 겪을 수 있는 공통 경험에 대해 말하면 웃음이 유발되고 친밀감이 형성됩니다. 예를 들어 전철에서 졸다가 더 가서 내린 경우, 착각해서 전철을 반대 방향으로 탄 경험 등은 누구나 겪어 본 일일 겁니다. 선생님도 겪어 본 부끄러운 실수에 대한 가벼운 유머는 학생들로 하여금 선생님에 대한 인간미를 느끼게 하고 동질감을 형성할 수 있습니다.

학습 주제와 연관된 유머

수업 시간에는 학습 주제와 연관된 유머를 사용하는 게 좋습니다. 특히 선생님도 학생 시절 잘 못해서 어려움을 겪었던 일화를 소개하면 동기 부여에 효과적입니다. 여러 사람 앞에서 발표하면서 말하기 불안을 겪으며 다리가 떨렸던 경험을 이야기한다면 학생들도 '말하기 불안은 누구나 경험하는 것이구나.'라고 생각하며 마음의 여유와 안도감을 느낄 것입니다. 수업을 시작하면서 처음부터 교사도 학생과 다르지 않음을 알려 주면 교사와 학생은 같은 편에 속하게 되고 급속도로 가까워지게 됩니다.[15] 한국의 대학생 181명을 대상으로 강의에서 사용하는 673건의 유머 사례를 수집하여 범주화한 후 5점 척도로 평정하게 한 연구가 있습니다.[16] 연구 결과에 의하면 다음 두 유머 범주에 대한 만족도 점수가 4점 이상으로 높았습니다.

- 자신이 재미있다고 느꼈던 개인적 경험을 수업의 주제와 연관시켜 이야기한다. [4.44점]
- 개인적 경험은 아니지만, 재미있다고 느꼈던 다른 사람의 일화를 수업의 주제와 연관시켜 이야기한다. [4.17점]

이렇듯 경험을 학습 주제와 연관시키는 유머가 효과적입니다.

학생들의 유머 활용하기

내가 유머를 하면 교실이 썰렁해진다고 생각할 때는 학생의 유머를 활용할 수도 있습니다. 교실 유머에는 교사가 사용하는 유머와 더불어 학생에 의해 발생하는 유머도 포함됩니다. 교실에서 까불고 시끄러운 학생을 말썽꾸러기로만 여기지 말고 학생의 유머를 활용하거나 학생의 유머에 유연하게 반응하여 유머가 넘치는 교실을 만들 수 있습니다. 다음 사례는 학생들의 유머에 화를 내지 않고 적절하게 반응하여 유머를 긍정적으로 활용한 경우입니다.[17]

학생들은 키도 작고 몸집도 작은 선생님을 '대장 햄토리'라는 별명으로 불렀습니다. 하루는 학생들이 해바라기씨와 "간식 드세요."라고 적은 쪽지를 교탁 위에 두었습니다. 대장 햄토리 선생님은 교실에 들어와서 이것을 보고 매우 화난 어조로 "누가 썼어?"라고 얼굴을 붉히며 물었습니다. 그다음에 큰 소리로 "이건 내 간식이 아니고 주식이야."라고 말했습니다. 교실은 웃음바다가 되었습니다.

『HA HA HA! 유머교수법』의 저자 도니 탬블린은 학생의 유머에 감사하며 즐기고, 학생과 좋은 관계를 형성하라고 조언합니다.

학생들의 유머에 감사의 마음이 담긴 웃음을 보여라. 학생이 교사를 웃게 할 기회도 부여한다. 웃기려고 하지 말고 그냥 즐기려고 하라. 농담으로 인정받는 것이 본질이 아니라 좋은 관계를 맺는 게 중요하다.

학습 활동에 유머를 활용하는 기법의 하나로 모둠 활동에 '창조성과 웃음'에 대한 보너스 점수를 부여하는 방법도 소개했습니다.[18] 이렇게 하면 학생들이 모둠 활동을 하면서 재미있고 창의적인 아이디어를 서로 만들려고 하는 유쾌한 경험을 하게 될 것입니다.

자기 비하 유머는 신중하게

자기를 비하하면서 타인을 웃기는 것을 자기 비하 유머라고 합니다. 이를 자기 파괴적 유머 또는 자멸적 유머라고도 부릅니다. 자기 비하는 유머의 핵심적인 방법이기도 하지만 교실 상황에서 교사의 과도한 자기 비하는 부작용을 야기할 수 있으므로 상황에 따라 사용해야 합니다.

자기 비하 유머에 대해 교육적 맥락에서는 두 가지 입장이 존재합니다. 교사가 사용하는 유머가 적절한지 부적절한지를 연구한 결과 어떤 학생들은 적절하다고 여기고 다른 학생들은 부적절하다고 여겼습니다.[19] 국내에서 대학생을 대상으로 한 유머 사례 연구에서도 교수자가 '자신의 실수를 이야기한다.'에 대해서는 5점 만점에 3.61점으로 중간 정도의 만족도를 보였습니다.[20] 이렇듯 자기 비하 유머는 경우에 따라 효과적이기도 하고 때로는 부적합하기도 하므로 상황에 맞게 지혜롭게 사용해야 합니다.

교사의 자기 비하 유머가 부정적이라는 연구 결과도 있습니다. 교실에서 교사의 유머 사용과 친밀감과 학습의 관계를 연구한 결과 자기 비하 유머는 교실에서 부정적 효과를 유발한다는 결론을 내렸습니다.[21] 타인의 인정을 받거나 환심을 사기 위해 자기 비하 유머를 사용하면 우울한 감정이 들고 관계 만족도와 자존감을 감소시키게 됩니다.

교사의 자기 비하 유머가 긍정적이라는 연구 결과도 있습니다. 교사의 유머와 학습의 관계를 연구한 결과, 자기 비하 유머가 인지적, 정서적 면에서 학습 성과와 긍정적인 연관이 있음을 밝혔습니다. 예상외의 긍정적 기대 위반이 학생의 관심을 촉발하고 학생의 정보 보유를 증가시킨다고 합니다. 또한 대화 참여자 사이의 심리적 거리를 줄이고, 친밀감을 향상한다고 합니다.[22] 국내 연구에서도 현장 교사가 교사 자신의 단점을 유머의 소재로 활용할 때 성공 확률이 높았다는 보고도 있습니다.[23]

자기 비하 유머는 친구 사이에서는 상대에게 적대감이나 거부감을 주지 않으면서 자연스럽게 활용할 수 있지만 교사와 학생 사이에서는 상황에 맞게 사용할 필요가 있습니다. 학창 시절에 겪었던 실수는 동질감을 형성할 수 있고, 최근에 겪었던 일화를 바탕으로 자기 비하 유머를 하면 인간적인 모습을 보여 친밀감을 유발할 수도 있습니다. 하지만 과도한 자기 비하는 순간적인 웃음은 유발하더라도, 교사의 체면을 훼손하거나 자존감에 상처를 입힐 수도 있으므로 신중해야 합니다.

공격적 유머는 금물

교실에서 매우 유의해야 할 유머 유형은 공격적 유머입니다. 공격적 유머란 타인을 표적으로 삼아 비웃음, 야유, 조롱, 멸시, 조소, 차별, 창피함을 느끼게 하는 유머를 말합니다. 이런 유머는 학생의 마음에 분노감과 적대감을 들게 하여 상처를 주고 인간관계를 파괴합니다.

연구 결과에 의하면 교수자가 사용하는 유머의 절반이 공격적 유머인데 공격 대상의 20%는 학생, 20%는 제삼자, 12%가 교수 자신이었다고 합니다.[24] 이렇듯 공격적 유머는 학생을 대상으로 삼는 경우가 많습니다. 그러한 사례로는 다음과 같은 것이 있습니다.

선생님은 동족상잔의 비극에 대해 설명했습니다. 그러면서 몸이

통통한 예리를 가리키며 "예리가 돼지고기를 먹으면 동족상잔의 비극이 되는 거야."라고 말했습니다.[25]

이렇게 학생을 희생양으로 삼는 경우 공격의 대상인 된 해당 학생은 물론이거니와 교실에 함께 있던 다른 학생들도 교사의 유머를 매우 부정적으로 여깁니다. 선생님이 공감 능력이 부족하다고 여기거나 적대감을 느낄 수도 있습니다. 선생님의 조롱에 다른 학생들마저 동조한다면 더 큰 부정적 결과를 남길 것입니다. 예비 교사를 대상으로 설문 조사한 결과 학생을 비꼬는 유머는 부정적이라는 답변이 81.9%이었습니다.[26]

대학생들도 '특정인을 지목하여 그에 연관된 풍자나 해학적인 말을 한다.'에는 5점 만점에 2.89점, '특정인이나 특정 집단의 신체적 특징을 이야기한다.'에는 1.67점을 주어 매우 부정적으로 여긴다는 것을 알 수 있습니다.[27] 공격적 유머를 방지하기 위해서는 자신을 타인의 입장과 처지에 두고 생각해 보는 역지사지의 공감 능력이 필요합니다.

💬 함께 이야기할 문제

다음 상황에서 교사가 활용한 유머에는 어떤 문제점이 있는지 고민하고, 교실에서 사용할 수 있는 적절한 유머는 어떤 것들이 있는지 이야기해 봅시다.

[상황 1]

수진 선생님 저 이번에 중간고사 국어 100점 맞을 거예요!

교사 수진아. 네가 중간고사 때 국어 100점을 맞는 것보다 이번 중간
고사 기간에 통일되는 것이 더 현실성이 있겠다. (반 아이들이 모두
웃었고, 수진이도 웃었으나 상당히 머쓱해함.)

[상황 2]

교사 여기 작품에 나오는 인물의 경우 재석이와 공통점이 많네.

재석 네, 어떤 점이요?

교사 이 인물은 매번 약속 시간에 늦는데 재석이 너도 매일 지각하잖
아? (반 아이들이 웃고, 재석이도 웃었으나 민망해함.)

재석 아, 선생님 뭐예요. 저 그래도 오늘은 지각 안 했어요.

[상황 3] (발표 수행평가가 끝난 후)

교사 현주는 이 주제 어떻게 선정했니?

현주 자유 주제라고 하셔서 평소에 관심 있는 전자공학으로 했는데
요….

교사 그래? 그래도 청중들의 수준이나 관심사를 고려해서 선정하라
고 했는데…. (비꼬는 말투로) 내용이 너무 수준 높아서 전자공학과
대학생인 줄 알았어.

반 학생들 (모두 웃음)

학생 1 솔직히 무슨 내용인지 하나도 모르겠어!

학생 2 지루해서 잤다, 야!

학생 3 짧게라도 하지, 왜 이렇게 길어?

현주 (풀이 죽으며) 그래도 열심히 한다고 했는데요….

05

학생이 도무지 이해가 안 될 때

비폭력 대화

'이 학생은 이걸 고쳐야겠군.'

학생의 성장과 발전에 관심을 가지는 선생님이라면 학생이 부족한 부분, 발전해야 할 부분에 주목하게 됩니다. 그리고 잘못된 부분을 고쳐주려 합니다. 그런데 학생의 행동과 태도는 쉽게 달라지지 않습니다. 심지어 선생님과 충돌하기도 합니다. 그러면 선생님은 '얘가 대체 왜 이러지?', '이 학생은 도저히 이해할 수가 없네.'라는 생각에까지 이릅니다. 이때 생각해 봐야 할 것이 바로 '비폭력 대화'입니다. 이 장에서는 교사의 비폭력 대화에 대해서 알아보도록 하겠습니다.

비폭력 대화는 미국의 임상심리학자인 마셜 로젠버그가 만든 대화 원리입니다. 로젠버그는 한 손에는 자칼 인형을 끼고 다른 한 손에는 기린 인형을 끼고 상황극을 했습니다. 자칼의 말은 상대에게 상처를 주는 폭력적 언어이고, 기린의 말은 상대를 보듬는 비폭력적 언어입니다.[1] 비폭력 대화와 관련해서는 시중에 여러 책이 나와 있고, 이를 교육적 맥락에서 교사용이나 학생용으로 재구성한 책도 있습니다. 특히 비폭력 대화의 정신을 교육적 맥락에 잘 녹여 낸 책은『삶을 풍요롭게 하는 교육』입니다.[2] 관심 있는 분들은 꼭 읽어 보셨으면 좋겠습니다.

비폭력 대화는 관찰-느낌-욕구-부탁의 단계로 말하는 방법입니다. 관찰의 반대는 도덕적인 판단입니다. 상대에 대한 주관적인 평가가 아니라 현재 상황에서 객관적으로 관찰된 바를 말합니다. 현재 상황에서 상대에게 바라는 바인 욕구가 있는데 이것이 충족되지 않으면 어떤 느낌이 유발됩니다. 상대를 비난하지 않고 자신의 욕구와 그로 인한 느낌을 말합니다. 그다음에는 상대에게 바라는 행위에 대해 구체적으로 부탁합니다. 이러한 일련의 대화 과정에서 상대를 판단하고 책망하는 것이 아니라 자신의 느낌과 욕구를 말하고 상대의 부담을 줄이는 방식으로 부탁하므로 공격성이 줄어들어 대화가 비폭력적이게 됩니다.

우리는 언제 도덕적 판단을 하는가

학생에 대한 도덕적 판단은 앞 장의 교류 분석에서 다룬 'I'm OK / You're not OK'의 프레임에 해당합니다. 상대의 행위에 주목하여 도덕적으로 판단하는 관점은 어떻게 생겨난 것일까요? 또이러한 관점은 나와 학생의 관계에 어떤 영향을 미칠까요?

시험을 보던 중 지용이가 머리를 감싸 쥐고 있습니다. 뭔가 괴로운 것 같습니다. 시험을 보면서 어려움을 겪는 것 같기도 합니다.

지용이를 지켜보던 선생님은 학생의 심정보다는 머리를 감싸는 행위에 주목하여 지용이의 행동은 잘못되었다고 판단합니다. 그리고 지용이가 어떤 잘못을 했는지로만 생각이 이어집니다. 그생각은 다시 '너는 시험 준비를 전혀 하지 않은 게으른 학생이구나.', '공부를 열심히 하라는 나의 말을 듣지 않는 무책임한 학생이구나.'라며 지용이의 성향에 대한 평가로 이어집니다. 지용이에 대한 이 평가가 바로 도덕적 판단입니다.

타인의 잘못된 행동에 주목하고 도덕적으로 판단하는 경향은 우리의 의사소통 문화와 관련이 있습니다. 우리나라의 언론 보도를 보면 정치인들은 서로의 언행을 트집 잡고 비난합니다. 가정에서도 판단과 비난의 프레임 속에서 의사소통하는 경우가 많습니다. 어머니는 텔레비전 드라마를 보면서 "어우, 쟤는 지금 뭐 하는 거니? 미친 거 같아. 정말 싫어."라고 말합니다. 아버지는 야구 중계를 보면서 삼진을 당한 타자나 실책을 한 야수를 일일이 판단하며 싫은 소리를 합니다. 타인의 행동이 잘못되었다는 전제를 가지고 늘 다른 사람의 언행에 주목하고 이를 자신의 도덕적 기준에 맞추어 판단하는 의사소통 문화가 몸에 밴 것입니다.

그러다 보니 인간관계에서도 자연스럽게 타인을 판단하고 평가하기 쉽습니다. 상대가 정말 원하는 게 무엇인지, 어떤 취지로 그러한 언행을 하는 것인지, 상대의 마음속에 어떤 욕구가 있는지, 지금의 감정은 어떠한지에는 관심을 갖지 않습니다. 오히려 상대의 언행이 자신을 얼마나 불쾌하게 만드는지에 주목하고 옳고 그름을 따집니다. 그러고는 그 사람은 버릇이 없다, 나쁘다, 게으르다, 성질이 고약하다 등의 판단을 합니다. 이런 문화에서 교사도 학생 한 명 한 명을 평가하는 프레임에 갇혀 있을 수 있습니다.

로젠버그는 상대에 대한 도덕적 판단을 '자신의 욕구나 분노의 비극적 표현'이라고 했습니다. 예를 들어 교사의 마음속에는 학생들이 교사를 잘 따르고 존중했으면 좋겠다는 욕구가 있는데 이 욕구가 충족이 안 되니 분노를 느낍니다. 그리고 그 분노로 인해 '우리 반 아이들은 버릇이 없어.'라는 도덕적 판단을 합니다. 부정적인 판단은 자신과 타인을 행복하게 하는 것이 아니라 점점 더 비극으로 이끌어 갑니다.

교사의 욕구와 분노가 비극적인 표현으로 이어지는 심리 과정을 조금 더 깊이 생각해 봅시다.

상호 간에 원하는 관심의 크기가 다른 상황

❶ 선생님 〈 학생: '의존적이고 애정이 결핍된 학생이구나.'

❷ 선생님 〉 학생: '냉정하고 무관심한 학생이구나.'

사소한 일에 신경 쓰는 정도가 다른 상황

❸ 선생님 〈 학생: '강박이 있는 까다로운 학생이구나.'

❹ 선생님 〉 학생: '꼼꼼하지 못하고 산만한 학생이구나.'

예를 들면 선생님과 학생 사이에서 원하는 관심의 크기가 다를 수 있습니다. ❶의 상황에서 부등호에 주목해 봅시다. 선생님은 그냥 독립적으로 있고 싶은 마음이 큰데, 학생은 선생님께 관심을 받고 싶은 마음이 더 큽니다. 그러면 선생님은 어떻게 판단할까요? '왜 이렇게 의존적이야, 애정 결핍 아니야?', '왜 나한테 이런 걸 얘기하지? 상담 선생님께 말씀드려야 할 것 같은데.'라고 생각하며 이 학생은 '의존적이며 애정이 결핍된 학생'이라고 판단합니다.

❷는 선생님은 학생에게 친밀감을 느끼고 친해지고 싶은데 학생은 조금 독립적이고 거리를 두는 상황입니다. 그러면 선생님은 어떻게 생각할까요? '요즘 아이들은 자기밖에 모르고 왜 이렇게 무심하지.'라고 여기며 학생을 '냉정하고 무심한 학생'으로 낙인찍습니다.

❶과 ❷에서 학생이 선생님을 만족시킬 만한 적절한 기준선은 어디일까요? 친밀감을 보이면 애정 결핍이라고 하고, 조금 거리를 두면 무관심하다고 하고 도저히 정답을 찾을 수 없습니다.

❸은 학생이 선생님에 비해 사소한 일에 신경을 많이 쓰는 상황입니다. 중간고사에 대해 사소한 것을 질문하면 선생님은 '쟤는 왜 이렇게 강박이 있지, 왜 이렇게 까탈스러워?'라고 생각하며 그 학생을 '강박이 있고 까다로운 학생'이라고 규정합니다. 반대로 ❹처럼 선생님이 학생보다 꼼꼼한 성향이라면 '얘는 왜 이렇게 산만하고 정리를 못하는 거야.'라고 생각하고 '꼼꼼하지 못하고 산

만한 학생'이라고 판단합니다. 이 경우에도 학생 입장에서는 적절한 기준선을 찾을 수 없습니다. 조금 신경을 쓰면 까다롭다고 하고 조금 편하게 생각하면 꼼꼼하지 못하다는 소리를 듣습니다.

나와 다른 생각과 행동을 모두 잘못이라고 인식하면 의사소통에서 승자는 없고 모두 패자가 됩니다.

이 원리는 비단 선생님과 학생의 관계뿐 아니라 친구, 연인, 가족 간에 모두 적용이 됩니다. 상대의 잘못된 행동에 주목하고 자신을 기준으로 판단하는 사람에게 적절한 기준선을 지키며 그 사람이 원하는 대로 맞춰 줄 수 있는 사람은 어디에도 없습니다. 자신을 기준으로 생각하는 사람은 상대의 행위가 늘 못마땅해서 잔소리하고 불평하게 됩니다. 그런 사람은 상대에 대한 온정어린 마음보다 짜증스런 마음으로 가득 차 있어서 행복을 느끼지 못합니다.

선생님이 'I'm OK / You're not OK'의 프레임에 빠져 있으면 선생님도 행복하지 않고 학생들도 행복하지 않게 됩니다. 일과 시간 대부분을 학교에서 보내는 선생님이 학생을 늘 판단한다면 선생님의 마음도 불만으로 채워질 겁니다. 학생의 마음은 어떠할까요? 어떻게 해도 선생님이 원하는 적절한 기준선에 맞출 수 없다고 여기면 마음이 어떨까요? 이렇게 해도 저렇게 해도 싫은 소리를 듣는다면 마음이 위축될 겁니다. 선생님의 판단에 학생은 일단 순응할 수도 있습니다. 하지만 마음속으로는 '나는 왜 이렇게 까탈스럽게 굴지?', '나는 왜 이렇게 정리를 못하지?'라고 생각하며 수치심, 죄책감, 두려움 등의 감정을 느끼게 됩니다. 이런 부정적인 감정이 마음에 쌓여 임계점을 넘으면 포기해 버리거나 때로는 거부감과 반발심이 생겨 거세게 반항하기도 합니다.

이것이 바로 교사가 학생의 행위를 도덕적으로 판단할 때 생겨나는 결과입니다. 수치심과 죄책감, 거부감과 반항심은 모두 서로의 관계를 저해하는 감정입니다. 상대에게 이런 감정을 들게 하는 말은 '상대를 밀어내는 대화'입니다. 교사는 학생들에게 전문성을 인정받고 싶은 마음에 수업을 열심히 준비하고, 학생들과 친해지고 싶은 마음에 나름 학생에게 관심도 보입니다. 하지만 이유없이 학생들이 점점 멀게 느껴진다면, 누군가를 항상 판단하고 비난하는 마음가짐으로 말하고 있지 않나 생각해 볼 필요가 있습니다. 교사도 학생도 행복하지 않은 심리적 거리두기가 아무도 모르게 일어나고 있을지도 모르니 말입니다.

🗣 함께 이야기할 문제

여러분의 일상에서 판단하는 사람과 판단의 대상이 되는 사람 사이의 사건을 부등호를 사용하여 분석해 봅시다. 이것이 왜 문제이며, 앞으로 어떻게 할지 말해 봅시다.

주관적 판단 대신 객관적 관찰

학생들을 도덕으로 판단하지 말라는 말은 학생들의 잘못을 바로잡거나 지도하지 말라는 말이 아닙니다. 다음 상황을 한번 생각해 봅시다. 과학반 학생들이 수업하고 있습니다.

> **교사** 관찰일지 안 낸 사람 손 들어.
>
> (두 명의 학생이 손을 든다.)
>
> **교사** 동원이랑 준민이, 왜 안 가져왔어? 너희들은 늘 이런 식이지. 한 번도 제때 낸 적이 없어. 너희들은 과학을 공부할 자세가 안 되어 있어. 내가 오늘까지 가져오라고 몇 번을 말했어. 너희는 과학반에 있을 자격이 없어.

동원이와 준민이는 관찰일지를 내지 않았습니다. 그래서 선생님에게 '교사의 말을 듣지 않는 학생, 과학을 공부할 자세가 안 된 학생, 과학반에 있을 자격이 없는 학생'이라는 말을 들었습니다. 친구들 앞에서 이런 말을 들으면 어떤 감정이 들까요? 당연히 수치심과 불안감을 느끼고 심지어는 저항감도 들 겁니다.

이때 선생님의 말에는 여러 가지 면에서 도덕적 판단이 들어 있습니다. 이러한 도덕적 판단의 반대는 주관적인 평가가 섞이지 않은 객관적인 관찰 표현입니다. 동원이랑 준민이는 '과학을 공부할 자격이 없는 말 안 듣는 학생'이라기보다 '관찰일지를 제출하지 않은 학생'입니다. 이 두 가지 언어 표현은 얼핏 비슷한 것 같지만 학생을 바라보는 관점에 근본적인 차이가 있습니다.

다음은 주현이가 수업 시간에 옆자리 친구와 떠들어서 혼나는 상황입니다.

> **교사** 김주현, 조용히 하라고 했지? 왜 계속 떠들어? 뒤로 나가 있어.
> (주현이는 교실 뒤편으로 나가서 서 있다. 별생각 없이 교실 뒤편 사물함에 달린 자물쇠들을 만지작거린다.)
> **교사** 김주현, 너 지금 그게 반성하는 태도야? 떠들어서 뒤에 나간 주제에 이젠 친구들 사물함까지 뒤지려고? 너 진짜 나쁜 행동만 골라서 하는구나.

여기서 주현이는 '수업을 방해하는 나쁜 학생이고, 친구의 물건을 멋대로 뒤지는 학생'인가요? 선생님이 주현이의 행동에 문제가 있다고 보면 모든 상황에서 이러한 도덕적 판단을 하게 됩니다. 주현이는 '수업을 방해하려는 의도를 가진 나쁜 학생이거나 남의 물건을 함부로 만지는 사람'이 아니라 '수업 중에 친구와 대화한 학생, 벌로 뒤에 나가서 서 있으면서 사물함의 자물쇠를 만지작거린 학생'입니다.

이렇듯 도덕적인 판단이 아니라 행위의 객관적 관찰에 주목해야 합니다. 로젠버그는 도덕적 판단이 아닌, 상황과 상대에 대한 객관적인 관찰에 중점을 둘 때 비폭력 대화가 시작된다고 합니다.

다음의 사례들을 객관적인 관찰에 주목하여 살펴봅시다.

❶ 연서는 공부를 너무 많이 한다.

❷ 연서는 하루에 10시간 넘게 공부했다.

❶에서 공부를 너무 많이 하는 것의 기준은 누가 세운 것인가요? 교사의 주관적 기준입니다. 이러한 주관적 판단을 배제하면 '10시간 이상 공부했다'라는 객관적인 관찰 표현으로 나타낼 수 있습니다.

❸ 민수는 공격적이다.

❹ 민수는 친구가 지우개를 던지자 친구를 때렸다.

❸에서 공격적이라는 판단의 기준은 무엇인가요? 지우개를 던진 친구를 때린 행위에 대해 개인의 성향을 한마디로 평가했습니다. 민수는 폭력적인 성향의 공격적인 학생이라기보다 친구가 지

우개를 던지자 친구의 등을 손바닥으로 친 학생입니다.

❺ 승엽이는 나를 무시한다.
❻ 승엽이에게 문자 메시지를 보냈는데 응답하지 않았다.

❺에서 승엽이는 휴대전화가 고장 났을 수도 있고, 답신하지 못할 어떤 상황일 수도 있습니다. 문자 메시지 답신이 없다고 무례하다거나 교사를 무시한다고 바로 판단하는 것은 어떤가요? 승엽이는 교사를 무시하는 학생이라기보다는 교사의 문자 메시지에 두 번이나 답신을 하지 않은 학생입니다.

❼ 우리 반 학생들은 도무지 내 말을 듣지 않는다.
❽ 내가 학습 활동을 하자고 했을 때 학생들은 싫다고 말했다.

❼에서 학생들은 언제나 선생님의 말에 저항하고 거부했을까요? 선생님의 말을 어느 정도 거부해야 '도무지'라는 표현을 사용할 수 있을까요? 시험을 앞두고 학습 활동보다는 강의식 수업을 원했을 수도 있고, 학습 활동이 어렵다고 느꼈을 수도 있습니다. 도무지 말을 듣지 않는 우리 반 학생들이라기보다는 학습 활동을 하자는 말에 "선생님, 이 활동 안 하면 안 돼요?"라고 반문을 한

학생들입니다.

생각 말고 느낌을 전달하라

비폭력 대화의 두 번째는 느낌을 표현하는 것입니다. 상대를
공격하지 않고 공감하는 대화가 되려면, 상대의 감정에 주목해서
그 감정을 알아차리는 것과 동시에 지금 느끼는 자신의 감정을 알
아차리고 표현하는 것도 중요합니다.

여러분은 학생과의 관계에서 학생의 감정에 주목해 본 적이 있
나요? 이 학생이 지금 화가 났을까? 서운한 것일까? 때로 학생들
은 자신의 감정을 잘 표현하지 않기도 합니다. 어쩌면 학생은 자
신의 감정이 무엇인지 잘 인식하지 못하고 있을 수도 있습니다.
분노인지 자괴감인지 모를 복합 감정에 단지 짜증이 나서 얼굴을
찌푸리고 있을 수도 있습니다. 그러나 학생과 마음을 나누는 대화

까칠이　소심이　기쁨이　슬픔이　버럭이

영화 《인사이드 아웃》의 다섯 감정

를 하려면 나의 감정을 표현하는 것과 더불어 학생의 감정을 잘 이해하는 것이 중요합니다.

상대방의 말과 행동 때문에 자극을 받으면 우리의 몸과 마음에서 반응이 일어납니다. 이를 감정 또는 느낌이라고 합니다. 몸에 수분이 공급되지 않으면 갈증을 느끼듯이 느낌은 몸과 마음의 필요를 알려 주는 경보기 역할을 합니다. 느낌은 내면의 욕구와 연결되어 있습니다. 내면의 욕구가 충족되면 즐겁고 만족스럽게 느낍니다. 내면의 욕구가 충족되지 않으면 슬프고 우울하게 느낍니다. 애니메이션 《인사이드 아웃》의 다섯 가지 감정이 감정 통제 본부를 관장하는 것처럼 우리의 머릿속에서도 때로는 '기쁨이'가 때로는 '슬픔이'가 활성화되는 것입니다.

느낌을 폭력적으로 사용하면 비난하는 표현이 됩니다. '까칠이'가 짜증을 내기도 하고 '버럭이'가 화를 내기도 합니다. 이때 중요한 것이 느낌과 생각을 구분하는 것입니다. 그리고 로젠버그는 느낌을 구체적으로 표현해야 상호 연민의 대화가 가능하다고 했습니다.

다음 상황을 살펴보겠습니다. 선생님은 선우에게 교무실에서 출석부를 가져오라는 심부름을 시킵니다. 선우는 혼잣말로 투덜거렸지만 선생님은 그 소리를 분명하게 들었습니다.

교사 선우야, 교무실에 가서 출석부 좀 갖다줄래?

선우 아이, 씨, 귀찮아.

교사 아이 씨? 귀찮아? 너 선생님한테 말버릇이 그게 뭐야? 진짜 예의가 없는 애구나? 평소에도 내가 우습지?

만약 여러분이 이런 상황에 처한다면 어떤 느낌이 들까요? 그리고 그 느낌을 어떻게 표현해야 할까요? 대부분은 부정적인 감정을 느낄 때 대개 상대의 행동을 분석하고 판단하며 머릿속의 여러 생각을 섞어서 말하다가 상대를 비난하게 되는 경우가 많습니다. 그러나 이런 비난은 내가 느끼는 것에 대한 책임을 상대에게 미루는 것입니다. 여러분의 느낌은 여러분 안에 있는 것이고, 이 느낌은 여러분의 욕구에서 비롯된 것입니다. 위의 사례에서 선생님은 학생에게 인정받고 싶은 체면 욕구가 충족되지 않으니 기분 나쁜 감정이 생겨 학생의 행동을 비난하게 된 것이지요.

교사도 위와 같이 학생의 행동을 판단하고 부정적 평가를 하면 마음 상태가 좋을 리 없습니다. 당연히 정신 건강에도 해로우며 교사와 학생의 관계에도 부정적인 영향을 끼치게 됩니다.

다음 언어 표현 중에서 생각을 드러낸 것과 느낌을 표현한 것을 구분해 봅시다.

❶ 너희들이 나를 보고도 아는 체하지 않으면 무시당한 것처럼 느껴져.

❷ 너희들이 나를 보고도 아는 체하지 않을 때 섭섭해.

❸ 너를 혼내 주고 싶은 느낌이야.

❹ 네가 세 번이나 지각해서 화가 났다.

❺ 너희가 토론 대회에서 최선을 다해 준 것에 대해 좋게 느낀다.

❻ 너희가 토론 대회에서 최선을 다해서 만족스럽다.

홀수 번호의 언어 표현에는 모두 느낀다는 말이 들어 있지만 사실은 느낌을 표현한 것이 아니라 교사의 생각을 드러낸 것입니다. 이렇듯 느낀다는 표현을 쓴다고 느낌을 있는 그대로 표현한 것이 아닙니다. 상대의 행동을 분석하고 판단한 자신의 생각을 표현한 것입니다. 판단을 담은 생각을 말한 것인지 느낌을 말한 것인지 구분할 필요가 있습니다.

느낌을 만들어 낸 욕구가 무엇인가

로젠버그는 비폭력 대화의 세 번째 요소로 욕구를 이야기합니다. 욕구는 두 번째 요소인 느낌과 연결되어 있습니다. 상황을 객관적으로 관찰한 후 느낌을 욕구에 직접적으로 연결할수록 상대가 우리의 욕구를 더욱 쉽게 알아차리고 연민으로 반응합니다.

다음 상황을 살펴봅시다. 수연이는 학년 대표 선수로 선발되었음에도 다리를 다쳐 체육 대회에 참여하지 못했습니다. 선생님은 수연이를 보고 이름을 불렀는데 수연이는 그냥 지나쳐 가 버립니다.

교사 수연아, 다리 괜찮아?

수연 … (잠시 보더니 고개를 돌려 가던 길을 가려고 한다.)

교사 선생님은 다리 다친 게 걱정도 되고 궁금해서 불렀는데, 대답
도 안 하고 그냥 가니? 지금 뭐 하는 거야?

이 상황에서 선생님이 수연이의 행동을 저런 방식으로 비난하
면 수연이는 당연히 자신에 대한 비판으로 여기고 불필요한 핑계
를 대며 자기방어를 하거나, "선생님도 지난번에 모른 척하셨잖
아요?"라며 반격하게 됩니다.

여러분이 이 상황에 있다면 어떻게 해야 할까요? 수연이를 불
러 세워 혼낼 수도 있지만, 잠시 인내심을 가지고 여러분의 내면
을 들여다봅시다. 여러분 안에 있는 '버럭이'나 '슬픔이'는 왜 활
성화되었을까요? 바로 충족되지 않은 욕구 때문입니다. 아마도
여러분의 마음에는 학생들과 친밀하게 지내고 싶고 그런 모습을
학생들이 좋아해 주기를 바라는 욕구가 있었을 것입니다. 그래서
로젠버그는 타인에 대한 비난을 '충족되지 않은 자기 욕구의 비
극적 표현'이라고 했습니다. 상대가 죄책감을 느끼고 핑계를 대든
발끈하여 반격하든 모두 비극적인 결과를 초래하기 때문입니다.
이때 친해지고 싶은 욕구와 느낌을 연계해서 이렇게 말하면 어떨
까요?

교사 수연아, 너랑 친해지고 싶기 때문에(욕구) 내가 불러도 대답을
안 하고 가버리면 서운해(느낌).

무작정 기분 나쁜 마음의 상태를 그대로 드러내는 것이 아니
라, 잠깐 인내하며 어떤 욕구가 충족되지 않아서 이런 감정을 느
끼는지 생각해 보아야 합니다. 느낌은 미충족된 욕구에서 비롯되
기 때문에 어떤 욕구가 이런 감정을 만들어 내는지 짚어 보아야
합니다. 그리고 그 느낌의 뿌리인 욕구와 느낌을 연계해서 말하면
상대를 공격하지 않는 비폭력 대화가 됩니다. 욕구와 느낌을 같이
표현해 줄 때, 수연은 선생님이 지금 어떤 마음의 상태로 왜 그러
는지 알게 됩니다.

다음 언어 표현들에서 느낌과 욕구를 연계한 것들을 찾아봅
시다.

❶ 네가 수업에 늦게 와서 짜증이 나.
❷ 우리가 수업을 시간에 맞춰 시작할 수 있기 바랐기 때문에 기
분이 안 좋아.

매번 지각해서 수업의 집중을 방해하는 학생에게, ❶처럼 짜증
난다고 말할 수도 있습니다. 그런데 어떤 욕구 때문에 짜증이 나

는 걸까요? 수업 전에 모든 학생이 수업 준비가 되어 있고 정시에 수업을 하고 싶은 욕구가 있었던 겁니다. ❷처럼 그 욕구를 말하고 그다음 그로 인한 느낌을 이어서 말하면 됩니다.

❸ 네가 약속한 일을 하지 않다니 정말 실망스러워.

❹ 나는 너의 말을 신뢰할 수 있기를 바라기 때문에 네가 약속한 일을 하지 않으면 정말 실망스러워.

❸에도 느낌을 나타내는 표현이 있습니다. 선생님이 실망의 감정을 느끼게 만든, 선생님의 충족되지 않은 욕구는 무엇일까요? 선생님과 학생의 신뢰 관계를 원했는데 그것이 지켜지지 않아 실망감을 느낀 것입니다. ❹와 같이 욕구와 느낌을 연계해서 말해야 합니다.

❺ 내 수업에 대해 너희들이 하는 사소한 말에 상처를 받아.

❻ 나는 비판받기보다는 인정받고 싶기 때문에 너희들이 하는 사소한 말에도 마음이 아파.

❺의 상황에서 선생님이 학생들의 말에 상처받았다고 느끼는 이유는 무엇일까요? 선생님은 수업을 잘해서 학생들에게 수업이

유익하고 재미있다고 인정받고 싶은 욕구가 있었을 것입니다. 하지만 학생들은 수업에 대해 무언가 불만스러운 점을 별생각 없이 툭툭 늘어놓았습니다. 언뜻 생각하면 사소하게 여길 수 있지만 선생님의 인정받고 싶은 욕구로 인해 아픈 감정을 느낀 것입니다. 이때도 비난하기보다는 인정받고 싶은 욕구와 그로 인한 느낌을 연계해서 말해야 합니다.

❼ 네가 최우수상을 타서 정말 기뻐.

❽ 네가 대회를 준비하면 들인 노력이 인정받기를 바랐기 때문에, 최우수상을 받았을 때 나는 정말 기뻤어.

학생이 최우수상을 타면 학생을 지도한 선생님도 기쁜 것은 당연합니다. 이때 기쁨의 느낌은 어떤 욕구에서 기인한 것인가요? 슬픔이든 기쁨이든 느낌의 이유를 막연하게 여기지 말고 어떤 욕구가 충족되어 혹은 충족되지 않아 그 감정을 느끼게 되는지 생각해 보는 것이 좋습니다.

선생님은 자신이 지도한 학생이 단지 경쟁에서 다른 학생을 이겼기 때문이 아니라 대회를 준비하며 고생한 것을 알고 그것이 어떤 식으로든 보상을 받아 학생의 동기 부여에 선순환되기를 바라는 마음이 강했기 때문에 그 욕구가 충족되어서 기쁨의 감정이 생졌습니다. 이를 자연스럽게 표현하면 됩니다.

명확하고 구체적으로 부탁하라

비폭력 대화의 마지막 요소는 부탁입니다. 충족되지 않은 욕구
를 충족하고 좋은 감정을 느끼기 위해 상대에게 원하는 바를 말하
는 것입니다. 로젠버그는 부탁의 말을 할 때 유의할 점을 다음과
같이 제시하였습니다.

첫째, 부탁할 때는 추상적이고 모호한 말이 아니라 명확하고
구체적인 말을 사용합니다.

❶ 우리 교실에서는 좀 더 나은 인간관계를 만듭시다.
❷ 아침에 학교 오면 서로 인사를 합시다.

❶은 근사한 언어 표현이지만 좀 더 나은 인간관계가 무엇인지 사람마다 생각이 달라 모호합니다. 교사가 원했던 것은 등교해서 교실에 들어오면 서로 인사하는 모습입니다. 교사가 생각한 좀 더 나은 인간관계는 학생들끼리 아는 척도 안 하고 그냥 자리에 앉는 게 아니라 서로 친밀하게 인사하고 선생님께도 밝은 얼굴로 인사를 나누었으면 좋겠다는 욕구가 있었습니다. 이러한 마음을 그냥 "서로 친하게 지내자."라고 하거나 "인간관계를 개선하자."라고 모호하게 말하기보다 "학교에 오면 서로 인사합시다." 또는 "교실에 들어오면 먼저 본 사람이 웃으며 인사하면 어떨까요?"라고 바라는 행위를 구체적으로 말하면 됩니다.

❸ 내 사생활을 존중해 주기 바란다.
❹ 가능하면 문자 메시지를 일과 시간에만 보낼 수 있겠니?

❸도 사생활 존중이 어떤 행위인지 모호합니다. ❹와 같이 원하는 바를 구체적으로 이야기해야 합니다.

둘째, 부정적인 표현보다는 긍정적인 표현을 사용합니다.

❺ 장난으로라도 다른 아이를 때리지 마!
❻ 복도에서 뛰고 장난치기보다는 조용히 다니면 어떨까?"

무엇을 하지 말라고 금지하는 부정적인 표현보다 교사가 원하는 행위를 긍정적인 표현으로 부탁하면 됩니다.

셋째, 강요하는 명령문보다는 권유하는 의문문을 사용합니다.

❼ 선우야, 교무실 가서 출석부 가져와!
❽ 선우야, 교무실 가서 출석부 좀 가져다줄래?"

명령문으로 "출석부 가져와!"라는 말보다는 "교무실에 가서 출석부 좀 가져다줄 수 있니?" 또는 "가져다줄래?"라고 의문문을 사용하면 훨씬 부드러운 소통이 됩니다. 선생님이 가져오라고 명령하면 학생은 단지 복종밖에 할 수 없습니다. 그렇게 어려운 일이 아님에도 마음속에 괜히 저항감이 생길 수 있습니다. 언어학자 로빈 레이코프는 대화의 중요한 원리로 예의 규칙을 말하면서 상대에게 선택권을 주고 우호적으로 말하라고 합니다.[3] 선생님의 권위로 강요하기보다는 의문문을 사용하여 선택권을 주면 학생은 기꺼이 수락하게 됩니다. 또 의문문을 사용하면 혹시 사정이 있더라도 이를 말할 수도 있으므로 마음의 부담이 덜합니다.

넷째, 미래에 요청하는 행동이라도 지금 할 의사가 있다는 동의를 구하면서 현재형으로 부탁합니다.

❾ 다음부터 절대 늦으면 안 된다. 늦게 되면 연락부터 하고.

❿ 약속 시간에 못 올 때는 최소한 1시간 전에는 알려 주겠다고 약속할 수 있겠니?

학생이 면담 시간을 정했는데 연락도 안 하고 오지 않았습니다. 나중에 전화해 보니 몸이 아팠다고 합니다. 이런 경우 ❾와 같이 미래의 행위를 요청하기보다 ❿처럼 지금 그에 대해 다짐하는 약속을 요청합니다.

그렇다면 비폭력 대화의 네 가지 요소를 이어서 말해 보겠습니다. 복도에서 장난치는 학생들의 안전을 걱정하는 ❺의 상황에서 비폭력 대화로 말하면 다음과 같습니다.

[관찰] 너희가 복도에서 때리고 장난치는 것을 볼 때면

[느낌과 욕구] 학교에서 너희들이 다치지 않고 안전하게 지내기 원하기 때문에 선생님은 걱정스러워.

[부탁] 복도에서는 때리고 장난치기보다는 조용히 다니면 어떨까?"

학업 계획서를 제출하라고 했는데 오늘도 가져오지 않은 유연

이에게 무엇이라고 말하면 될까요?

[관찰] 오늘까지라고 강조했는데, 학업 계획서가 제출되지 않았네.

[느낌과 욕구] 유연이가 자기 주도적으로 학습하기 원하는 마음에 제출하라고 한 건데 아직 작성하지도 않았다니 서운하네.

[부탁] 다음 주 화요일까지 기한을 연장할 테니 학업 계획서를 작성해서 가져올 수 있겠니?

선생님의 말을 듣지 않았으므로 무례하다고 도덕적 판단을 하는 것이 아니라, 학업 계획서가 제출되지 않은 객관적으로 관찰된 상황만 언급합니다. 이어서 선생님은 왜 기분이 나쁜지 생각해 봅니다. 자신이 한 말을 거역하고 말을 듣지 않은 것에 괘씸한 느낌도 들지만, 집안 형편이 어려워도 잠재력이 충분한 유연이가 자기 주도적으로 학습을 해서 좋은 성과를 냈으면 하는 바람이 컸는데 학업 계획조차 안 세웠다고 하니 속도 상하고 그런 마음을 몰라주어 서운하기도 합니다. 선생님은 이러한 욕구와 느낌을 진솔하게 표현했습니다. 그다음에는 꼭 가져오라고 명령하기보다 "학업 계획서를 가져올 수 있겠니?"라고 의문문을 사용해서 부탁하는 말을 했습니다.

물론 이 상황에서 선생님은 지시를 어긴 유연이를 벌주고 따끔하게 혼을 낼 수도 있습니다. 학생을 무작정 감싸라는 것이 아니라 지금 이 상황에서 선생님으로서 여러분이 바라는 바가 무엇인지에 주목하라는 것입니다. 여러분이 바라는 이상적인 모습은 무엇이며 그렇게 되면 어떤 긍정적인 감정을 느끼게 되고 학생과의 관계는 어떻게 바람직하게 되겠는가를 생각하라는 것입니다. 때로는 질책도 필요하겠지만 많은 경우에 선생님이 바라는 바와 그것이 충족되지 않아 느끼는 감정을 진솔하게 말하고, 요청하는 말을 하면 학생에게 수치심이나 반항심을 유발하지 않고 문제를 평화롭게 해결할 수 있는 비폭력 대화를 할 수 있게 됩니다.

▶ 함께 이야기할 문제

교사와 학생이 대화하는 상황을 설정하고, 비폭력 대화의 네 가지 요소를 엮어서 말하는 연습을 해 봅시다. 여러분의 비폭력 대화 표현에 대해 동료들의 피드백을 들어 보고 여러분의 평소 말하기 방식을 성찰해 봅시다.

06

상처받은 학생을 대할 때

공감적 대화

공감적 대화를 공부하면서 청소년 상담 선생님과 이야기를 나눈 적이 있습니다. 상담 선생님은 마음이 힘든 학생과 상담을 한 후, 자신의 생각을 이렇게 이야기했습니다.

요즘 항우울제를 먹는 아이들이 늘었어요. 주로 어렸을 때부터 부모와의 소통에서 공감을 경험하지 못한 아이들이지요. 당연히 친구 관계도 어려워요. 의사소통 방법을 잘 배웠다면 치료를 받으러 오는 아이들이 줄겠지요. 치료를 마치고 일상으로 보낼 때 두려워요. 다시 상처받고 힘들어할 걸 아니까요.

상담 선생님이 말하길, 며칠간 상담 치료를 받으면 학생의 상태가 호전된다고 합니다. 하지만 상담을 마치고 일상으로 돌아가는 학생을 보면 선생님의 마음이 무거워진다고 합니다. 학생이 상담을 받아도 학생 주변의 친구, 부모, 교사는 그대로이기 때문입니다. 상담으로 마음의 상처가 약간 치유되고 마음이 조금 단단해지더라도 근본적인 문제가 해결되지 않았으므로 학생이 다시 상처받고 힘들어할 것이 예상된다고 했습니다.

학교 현장에 청소년 상담 전문가가 많아지고 상담도 늘고 있습니다. 그런데 학생들이 겪는 마음의 문제는 청소년 상담 선생님만이 지고 갈 짐은 아닙니다. 학생과 매일 마주하는 선생님이 일상에서, 일차적으로 학생들의 마음을 주목하고 돌보아야 합니다. 학생의 짜증 섞인 목소리에서, 수업을 훼방하는 고성에서, '아무도 내 말을 들어 주지 않아요.'라는 마음속의 비명을 읽을 수 있어야 합니다.

서로의 감정을 언어로 표현하고 이해하기

공감이란 말 그대로 감정을 공유하는 것입니다. 내담자의 마음에 공감하는 상담자의 역할을 강조한 상담심리학자 칼 로저스는 다음과 같이 말했습니다.

공감은 다른 사람의 개인적인 지각 세계 안에 들어가 그 속에서 완전하게 익숙해지는 것이다. 두려움, 분노, 다정함, 혼란 등 그가 경험하는 무엇이든지 순간순간 그의 안에 흐르는 변화하는 감정의 의미에 민감해지는 것이다. 일시적으로 그의 삶을 살면서 판단하지 않고 섬세하게 움직이며 그도 거의 알지 못하는 의미를 감지한다.[1]

로저스는 공감하려는 사람은 먼저 상대의 지각 세계 안으로 들어가서 익숙해져야 한다고 합니다. 상대가 외부를 지각하고 느끼는 세계를 상상하고, 그 세계 안으로 들어가야 합니다. 다시 말해, 공감하려는 사람은 자신의 생각과 판단을 모두 내려놓고 상대가 느끼는 바를 그대로 따라 느껴야 합니다. 상대의 감정 변화를 공유해야 합니다. 일시적인 기분을 파악하는 것을 넘어 상대의 무의식도 감지해야 합니다.

인간의 감정은 한순간도 제자리에 머물러 있지 않습니다. 여러 감정이 시간의 흐름에 따라 달라집니다. 그래서 이런 인간의 감정을 복합 감정이라고도 하고, 대상에 대해 동시에 대조적인 감정을 지니는 경우를 양가감정이라고도 합니다. 교사가 학생을 대할 때를 생각해 봅시다. 대화하는 30분 동안에도 학생의 감정은 다양한 스펙트럼으로 요동합니다. 수업 시간에 떠들었다고 선생님께 혼이 나서 화가 많이 났지만 선생님과 친해지고 싶은 마음도 한구석에 자리 잡고 있습니다. 그럴 때 교사가 "너 지금 뭐라고 했어? 이따가 교무실로 와!"라고 학생을 몰아붙이면 학생의 마음 한구석에 있던 감정은 살아나기 어렵습니다. 그래서 학생의 여러 감정을 종합적으로 이해해야 합니다.

저도 제 앞에 있는 상대의 감정에 주목하는 방법은 물론 그 중요성도 전혀 모르던 때가 있습니다. 그냥 문제를 해결하려고만 했고 충고하려고 했습니다. 지금 돌이켜 보면 저의 감정도 잘 모르고 있었던 것 같습니다. 상대의 감정은커녕 저의 감정에 대해서도 주목하지 않았습니다.

현대를 공감의 시대라고 합니다. 상대의 감정에 주목하고, 내 감정도 잘 인식하고 서로의 감정을 언어로 표현하고 이해하는 감정 리터러시 능력이 신장될 때, 말 그대로 감정이 공유되는 공감의 시대가 이루어질 것입니다.

공감적 대화는 단순히 공감하며 듣기만 하면 되는 것이 아니라 내가 인식한 상대의 감정에 적절하게 반응해야 합니다. 학생은 어떤 식으로든지 자기감정을 표현합니다. 선생님은 수신자 역할만 하는 것이 아니라 상호작용하며 학생의 감정을 반영해 주어야 합니다. 그래야 학생은 공감받았다고 느끼고 공감적 대화가 시작됩니다.

학생이 고민을 털어놓을 때

공감적 대화는 일상 생활에서 다양하게 사용할 수 있습니다. 여러분이 담임 교사라고 생각하면서 공부가 안된다며 고민을 토로하는 학생에게 어떻게 반응할지 생각해 봅시다. 학생의 고민에 다르게 반응하는 여러 교사가 있습니다. 여러분은 어떤 유형에 해당하나요?

유진 선생님, 저 요새 공부가 너무 안 돼요.

교사 무슨 일이니?

유진 수학은 해도 느는 것 같지도 않고, 영어 단어는 만날 모르는 것만 튀어나와요.

교사 _____.

첫 번째 교사는 이렇게 말합니다.

유진이는 계속 한 문제집만 풀던데, 수학 문제집을 바꿔보는 건 어때? 영어는 단어장을 만들어서 계속 반복해서 외우는 게 최고야.

첫 번째 교사의 말하기 방식은 조언하기입니다. 학생에게 실제적인 도움을 주고 싶은 마음에 수학 문제집을 바꿀 것과 영어 단어장 사용을 조언하고 있습니다. 전형적인 문제 해결식 대화 방법입니다. 유진이의 내면보다 유진이가 처한 문제에 주목하고 있습니다.

유진이 정도면 잘하는 편이지. 다른 과목은 잘 나오잖아. 야, 선생님은 학교 다닐 때 수학이랑 영어가 너무 힘들어서 포기할 뻔했어.

두 번째 교사는 자신도 학창 시절 공부에 어려움을 겪었다는 개인 경험을 말합니다. 포기할 뻔했다고 한술 더 떠서 말합니다. 유진이가 겪고 있는 것은 별일 아니라는 심리적 위로를 주고 싶은 마음에 이런 말을 하게 됩니다. 하지만 유진이는 자신의 마음이 공감받고 있다는 느낌을 받기 어렵습니다.

그건 유진이가 너무 안 좋게만 생각하는 거야. 이번에 다른 친구들도 수학이랑 영어 어려워했어. 힘들다고만 생각하지 말고 긍정적으로 생각해 보자.

세 번째 교사는 훈계하는 말하기를 하고 있습니다. 누구나 실패한 상황에서 부모님이나 선생님께 이런 말을 들어 본 경험이 있을 겁니다. 실패도 좋은 경험이고 거기서 교훈을 얻어야 한다는 말입니다. 맞는 말이지만 마음이 힘든 유진이에게는 위로가 되지 않습니다.

유진이 요즘 늦게까지 공부하던데? 지금처럼 계속 열심히 하다 보면 잘될 거야. 지금 잘하고 있어.

네 번째 교사는 막연한 위로의 말을 합니다. 막연한 위로는 평소에 많이 듣기도 하고 하기도 하는 말입니다. 무엇인가 심리적인 위안을 주고 싶은 마음에 "네 잘못이 아니야, 최선을 다했으니 잘될 거야."라고 말합니다. 괜찮다며 계속 열심히 해 보라는 이런 막연한 위로가 듣는 사람에게 그리 큰 도움이 되지 않는다는 것을 우리는 경험을 통해 잘 알고 있습니다.

아직 시험도 많이 남았는데 벌써 너무 걱정하지 마. 좀 있으면 점심시간이니까 일단 밥부터 먹고 기운 내자.

다섯 번째 교사는 속상한 유진이의 마음 상태를 얼른 바꿔 주고 싶은 마음에 화제를 전환합니다. 미리부터 걱정하는 유진이가 소심하다고 여기고 시험 기간도 아닌데 불필요한 걱정을 하고 있다며 밥 먹고 힘을 내자고 격려합니다. 일시적으로 도움이 될 수 있지만 유진이가 속상해서 꺼내 놓은 감정은 전혀 다루어지지 않았습니다. "기운 내자!"라는 말에도 유진이는 힘을 얻기 어렵습니다.

언제부터 어려웠던 거니? 선생님이 보니까 유진이가 수학 문제 풀 때 어려운 문제에 시간을 많이 쓰더라. 영어는 단어를 모르니까 독해가 막히는 거고.

여섯 번째 교사는 상황을 정확하게 파악해서 문제를 해결하기 위한 원인을 설명하고 있습니다. 언제부터 이 어려움이 생겼고, 왜 그러한 문제가 발생했는지 알아야 적절한 처방을 할 수 있다는 생각이 강합니다. 유진이가 처한 상황을 분석하고 이를 설명해 줍니다.

여섯 번째 교사는 정확한 원인 분석과 객관적인 설명이 유진이에게 도움이 된다고 생각하기 때문에 이런 방식으로 말합니다. 원인을 분석하고 처방을 제시하는 말하기는 유진이가 자신의 문제점을 알고 고치고 싶어 했다면 도움이 될 수 있지만 공감받길 원했다면 위로가 되지는 않았을 겁니다. 틀린 말도 아니고 부인할 수도 없지만, 어려움을 토로하는 학생은 이런 말이 듣고 싶은 게 아닙니다.

여섯 명의 교사가 말하는 방식은 모두 우리에게 익숙한 말하기 방식입니다. 여섯 교사는 모두 유진이에게 심리적인 위로와 실질적인 도움을 주고자 하는 마음이었을 겁니다. 하지만 반응 방식이 모두 다른 것을 알 수 있습니다. 주로 평소에 대화하는 성향이 그대로 드러난 것입니다. 이 대화 성향은 자신도 어렸을 때 중요한 타인인 부모나 교사가 해 주었던 반응 방식이었을 가능성이 높습니다. 의도는 선하지만 학생의 마음을 모르고 하는 훈계나 충고, 막연한 위로, 화제 바꾸기, 따져 묻고 설명하는 말하기는 공감적 대화와 다소 거리가 있습니다.

📢 **함께 이야기할 문제**

학생의 고민에 반응한 여섯 교사의 말하기 방식 중 여러분이 주로 사용하는 방식이 있나요? 만약 있다면 여러분은 왜 그런 방식으로 반응하나요? 여러분의 반응 방식에서 개선이 필요한 점이 있다면 무엇인가요?

온 힘을 다해 상대에게 주목하는 공감적 대화

공감적 대화를 하기 위해서는 공기 청정기에서 필터를 빼는 것처럼 대화해야 합니다. 공기 청정기에는 여러 필터가 있습니다. 광고에 보면 헤파 필터, 나노 필터, 카본 필터 등 필터가 많을 수록 기능이 좋다고 홍보합니다. 그런데 이 공기 청정기에 비유하면 공감은 모든 필터를 제거하고 그냥 상대의 감정에 주목하는 것입니다.

대화하는 장면을 생각해 봅시다. 우리는 나름대로 필터를 통해서 듣고 있습니다. '강연자의 말은 내가 생각하기에 틀린 것 같네.', '지난번 다큐멘터리에서 본 것과 다르네.'와 같이 일일이 판단하면서 듣고 있습니다. 외부 공기에서 여러 물질을 필터로 걸러 내는 것처럼 나름의 필터로 우리는 상대의 말을 걸러 내면서 듣고 있습니다.

진정한 공감이란 자신의 마음을 비우고 혼신을 다해서 상대의 말을 들어 주는 것입니다. 공감적 대화를 하기 위한 첫 번째 조건은 상대의 이야기를 들은 후 내가 어떤 말을 해야 한다는 강박부터 버리는 것입니다.

상대의 상황과 행동을 분석하고 평가해서 조언과 충고를 하든, 상대가 잘되기를 바라는 마음으로 위로하든, 여러분의 마음속에는 상대에 대한 선의가 있을 것입니다. 하지만 공감적 대화를 할 때는 혼신의 힘을 다해 상대의 처지와 감정에 주목해야 합니다. 자신의 마음을 비우고 온전한 존재로 상대와 함께 있어 주어야 합니다. 그저 상대의 이야기를 들어 주면 됩니다. 그다음 상대가 조언이나 도움을 구하면 그때 같이 한 걸음 나아가면 됩니다.

일곱 번째 교사를 만나 볼까요?

교사 그래? 유진이가 요즘 수학이랑 영어 공부가 힘들구나. 잘하고 싶은데 생각처럼 잘 안돼서 속상하겠다.

유진 네, 선생님. 어떻게 하면 좋을까요?

교사 선생님이 어떻게 도와줄까? 수학 선생님, 영어 선생님이랑 상담 일정을 잡아 줄까? 아니면 방과 후에 선생님이랑 서점에 들러서 유진이에게 맞는 책을 같이 찾아볼래? 앞으로 어떻게 공부하면 좋을지 조금 더 이야기해 보자!

우선 유진이의 속상한 감정에 주목하고 유진이가 해결 방법을 물을 때 도움을 주는 말을 하면 어떨까요? 유진이의 말을 동어 반복하는 것 같고, 평소 말하기 방식과 달라 어색하게 느껴지나요? 아니면 교과서에나 나옴 직한 대화법이라고 여겨져 자연스럽게 이런 말을 하기는 어렵다는 생각이 드나요?

공감적 대화의 구체적인 방법을 단계적으로 알아보겠습니다. 상대의 감정에 주목하고 있음을 눈과 몸으로 나타내는 집중하기, 내가 무언가 말해야 한다는 강박을 내려놓고 상대가 계속 말을 이어가도록 마중물을 부어 주는 격려하기, 상대의 말을 그대로 다시 말해 주어 상대의 말을 충분히 이해했음을 표현하고 상대가 공감받는다고 느끼게 하는 요약하기, 상대의 감정을 거울처럼 비추어 주어 상대가 내게 표현한 감정과 상대와 공명이 이루어진 나의 감정을 순환해 주는 반영하기에 대해 살펴보겠습니다.

1단계 **집중하기**

집중하기는 어렵지 않습니다. 말하고 있는 상대에게 집중하는 겁니다. 상대를 향해 앉고 눈을 맞추고 부드러운 표정을 지으면서 적절한 손짓을 하면 됩니다. 학생과 대화를 할 때 어떤 선생님은 환하게 웃으면서 눈을 맞추고 학생을 바라봅니다.

그런데 어떤 선생님은 학생과 대화하면서 무엇을 열심히 체크리스트에 적습니다. 학생을 바라보지 않습니다. 선생님과 마주하는 순간 학생은 선생님이 자신을 어떻게 보는지 순간적으로 느낍니다. 학생이 말하면 '또 뭐지?'라고 귀찮게 여기는 선생님의 생각을 금세 알아차립니다.

집중하기가 어렵지 않다고 했지만 결코 쉽지도 않습니다. 여러분도 아마 친구들과 이야기하면서 휴대전화로 문자 메시지를 보냈던 경험이 있을 겁니다. 또는 부모님이 말씀하실 때 텔레비전이나 책을 보면서 무성의하게 답변한 경험도 있을 겁니다. 그러면서 "뭐라고? 두 번이나 말했다고? 난 처음 듣는 이야기인데. 진짜 말한 거 맞아?"라며 무성의하게 들은 것을 미안해하기는커녕 상대

탓을 했을 수도 있습니다. 집중하기를 하려면 말하는 상대를 향해 몸을 틀고 고개를 돌려서 상대를 바라보고 집중해 주어야 합니다. 이것이 공감적 대화의 첫 단계입니다.

그럼 교사인 여러분은 어떻게 해야 할까요? 학생이 이야기할 때 모니터만 보면서 업무를 이어 갔던 경험이 있을 겁니다. 급한 업무를 처리하는데 학생이 별것도 아닌 사안으로 귀찮게 말을 걸었을 수도 있습니다. 속단하기 전에 다른 사람의 신을 신어 보라 (Put yourself in other's shoes, 입장을 바꿔 생각해 봐!)는 영어 속담처럼 다른 사람의 신을 신어 볼까요?

배가 아파서 병원에 간 적이 있습니다. "얼마나 아파요? 많이 아픈가요? 처방한 약을 먹으면 나아질 거예요."라는 말을 듣고 싶었습니다. 하지만 의사는 앞에 있는 컴퓨터 모니터만 바라보며 건조하게 말했습니다. "배 아픈 거 시간 지나야 낫죠. 약 처방할 테니 우선 드시고 그래도 안 좋으면 사흘 뒤에 오세요."라고. 진료 시간은 아주 짧았고 간호사에게 건네받은 처방전을 들고 병원 문을 헛헛한 마음으로 나서야 했습니다.

학생들도 이와 비슷한 마음을 느낍니다. 학생의 마음이 닫혀 버렸다면, 선생님이 이전에 학생을 이렇게 대했을지도 모릅니다. 하품하기, 차가운 눈초리로 빤히 쳐다보기, 다른 곳 바라보기, 신경질적인 습관 보이기, 찡그린 표정으로 고개를 젓기, 인상 쓰는 표정 짓기, 의자 뒤로 기울여 앉아 학생에게서 멀어지기 등, 이런 행동은 학생에게 '너의 말을 집중해서 듣고 있지 않아, 듣고 싶지도 않고.'라는 무언의 메시지를 보내는 것입니다. 직접적인 눈 맞춤, 미소 짓기, 고개 끄덕이기, 눈을 크게 뜨기, 상대를 향해 몸을 앞으로 기울여서 이야기 듣기 등이 바람직한 집중하기의 모습입니다.

2단계 **격려하기**

공감적 대화의 두 번째 단계는 격려하기입니다. 힘내라고 격려하는 것이 아니라 학생이 계속 이야기하도록 격려하는 것입니다. "그렇구나, 그래서 어떻게 됐어?"라고 질문할 수 있습니다. "그런데 네 생각은 어떠니?"라고 직접 물을 수도 있습니다. 여기서 중요한 것은 여러분이 어떤 정보를 주는 것이 아니라 상대가 마음을 계속 드러내도록 격려해야 한다는 것입니다.

서현 선생님 진로 고민 때문에요. 어젯밤에 아버지께서….

교사 (말을 자르며) 그래, 아버지께서 반대하시는구나. 아무래도 게임 캐릭터 그린다고 하면 싫어하시겠지.

여러 학생을 만나 본 선생님은 서현이가 무슨 말을 하는지 금방 알아차립니다. 지금 이 시기에 자신의 진로에 대해 어떤 고민을 하는지 부모님은 어떻게 반응하는지 서현이의 말 한마디에도 시나리오가 선명하게 그려집니다. 이럴 때 서현이의 말을 길게 듣기보다 말허리를 끊고 조언과 충고를 하기 십상입니다. 상대의 말이 일시적으로 멈춘 상태를 휴지라고 합니다. 어떤 선생님은 이 휴지를 잘 참지 못합니다. 학생이 말하다가 잠시 머뭇거리면 바로 말차례를 빼앗아 자신의 이야기를 합니다. 서현이가 마음을 드러내도록 격려하려면 이 휴지를 잘 참아야 합니다. 무슨 말을 해 주기보다 학생이 계속 말하도록 마음의 여유를 가지고 들어야 합니다.

그리고 서현이가 계속 이야기하도록 말로 추임새를 넣어 줄 수 있습니다. 마중물이라는 예쁜 우리말이 있습니다. 펌프로 물을 끌어 올리기 전에 위에서 붓는 한 바가지의 물입니다. 사람의 마음에도 마중물이 필요합니다. "저런, 그래서?"라는 말 한마디가 마음속 깊은 곳의 말을 끌어 올리는 마중물이 될 수 있습니다.

첫째, "그래서, 그런데, 진짜?"와 같이 상대의 말에 관심과 놀라움을 표현합니다. 둘째, "그렇지, 그렇구나."와 같이 이해와 동의를 표현합니다. 셋째, "저런, 어떡해."라며 상대의 입장이 되어 아픈 마음에 공감하는 표현을 합니다. 넷째, 상대에게 좋은 일이 있을 때는 "멋지네, 잘 되었어."라며 기쁨을 표현합니다. 이렇듯 특별한 내용은 없지만 노래의 흥을 돋우는 추임새처럼 적절한 말로 상대가 마음을 계속 열고 이야기하도록 격려할 수 있습니다.

3단계 **요약하기**

세 번째는 요약하기입니다. 상대의 말을 그대로 반복하면 됩니다. 조금 먼 곳에서 혼자 이 학교에 배정받아 아직 친구가 없는 예은이는 고민을 털어놓습니다.

예은 저 요즘 많이 힘들어요. 고등학교에 올라왔는데 아는 친구가 하나도 없어요.

교사 그랬구나. 학교에 아는 친구가 없어서 힘들구나.

얼핏 보면 같은 말을 되풀이하는 성의 없는 표현 같습니다. 이런 식의 말을 잘 들어 보지 못한 경우 어색하게 느껴질 수도 있습니다. 예은이가 한 말을 그대로 되풀이하는 것이 바로 요약하기의 핵심입니다. 아무 정보도 없고 도움도 안 되는 동어 반복 같지만 예은이는 자신의 마음이 공감받는다는 온기를 느낍니다. 소리를 지르고 짜증을 내는 학생도 같은 말을 반복하면서 마음속을 잘 들여다보면 주변에서 자신의 말에 귀 기울여 주며 공감해 주는 사람이 없어 마음이 차가워져 있음을 알게 됩니다.

예전에 텔레비전 예능 프로그램인 《무한도전》에서 상대가 한 말에 무조건 "그랬구나"라고 말하며 상대의 말을 반복해 주는 미션을 수행한 적이 있었습니다. 출연진 중에 개그맨들이 많았고 재미가 중시되는 예능 프로그램이라 웃긴 장면도 많았습니다. "그랬구나"라고 말하며 서로 어색해하는 모습에 웃으면서 봤지만 나름의 의미가 담겨 있습니다.《무한도전》의 '그랬구나' 미션은 높은 빌딩에 올라 보거나 경주용 차를 운전해 보는 것을 넘어, 일상의 언어생활에 '무한도전'한 것입니다. 상대가 말하면 허점을 찾아 반박하거나 조롱하면서 키득거리는 그 집단의 의사소통 문화에 커다란 도전 과제를 부여한 것입니다. 내 생각과 조금 다르더라도 일단은 상대의 말과 그 안에 담긴 마음을 이해하고 '그럴 수도 있구나, 그랬구나, 그랬겠구나.'라고 반응해 주는 것은 도전이라는 말을 쓸 정도로 어려운 일이기도 합니다.

요약하기는 '그랬구나'처럼 주로 '~구나'나 '~네'를 붙여 말합니다. "늦게 들어가서 아버지께 혼났구나.", "너는 지금 진로 때문에 갈등하고 있네."와 같이 표현합니다. 이런 말은 나의 관점이 아니라 상대의 관점에서 말하게 되므로 상대의 마음에 주목하는 효과가 있습니다.

이렇듯 요약하기를 하면 상대의 말을 앵무새처럼 반복하여 대화가 불필요하게 길어지고 경제적이지 않다고 생각할 수도 있습니다. 하지만 대화 실험에 의하면 갈등 상황에서 요약하기를 할 때 오히려 대화 시간이 절반으로 줄어들었다고 합니다. 가까운 사람과 말싸움을 한 경우를 생각해 봅시다. 별일도 아닌데 왜 한 시간도 넘게 다투게 될까요? 내가 한 말을 상대가 못 알아들었다고 생각하니 한 말을 하고 또 합니다. 하다 보니 과거에 참고 꺼내지 않았던 말도 하게 됩니다. 내 마음을 몰라주고 말을 못 알아들으니 목소리가 커지고 날카로워집니다. 상대도 마찬가지여서 사소한 일로 시작한 말다툼이 고성이 오가는 큰 싸움으로 번집니다. 그런데 상대의 말을 일단 그대로 반복하면, '내 말을 못 알아들었구나.'라는 생각이 줄어들어 나도 다시 말할 필요를 못 느낍니다. 짜증스럽게 한 말을 다시 하지 않아도 되니 말다툼의 불씨도 줄어들게 됩니다.

4단계 **반영하기**

네 번째로 반영하기는 'reflecting'이라는 영어 표현 그대로 상대의 마음을 반사해 주는 것입니다. 열린 마음으로 경청하고 "아버지와 진로 때문에 말다툼을 해서 네 기분이 화가 난 것 같구나." 라고 학생의 기분을 거울로 비추어 주듯 반사해 주면 학생은 자신의 마음이 이해받았다고 느끼게 됩니다.

사실 학생도 자신의 감정이 어떠한지 정확히 모를 수도 있습니다. 마음 속에 복잡한 감정이 뒤엉켜 있을 수도 있습니다. 또는 마음 한 구석에 충족되지 않은 욕구를 제대로 표현하지 못하고《인사이드 아웃》의 '버럭이'와 '까칠이'와 '슬픔이'가 마음속을 휘젓고 있을 수도 있습니다. 이렇게 표현되지 않는 상대의 감정과 욕구에 주목하여 따뜻한 마음을 담아 반영해 주는 것입니다.

아, 우리 서현이가 아빠한테 그런 말을 들어서 화가 나는구나. 서현이는 그림 그리는 게 너무 좋고 게임 캐릭터 디자인하는 것에 흥미를 느끼는데 아버지께서 너의 진로에 대해서 무시하는 말씀을 하셔서 지금 속상하구나.

이런 말하기는 전문 상담사가 잘 사용하는 방법입니다. 답답한 마음이 들 때 상담을 받으면 뾰족한 해결책을 찾은 것도 아닌데 마음속 응어리가 풀리고 시원한 감정을 느끼게 됩니다. 바로 이렇게 욕구와 감정에 주목하는 말을 주고받으면 공감적 대화가 이루어집니다.

앞서 비폭력 대화에서 욕구와 느낌을 연결해서 말하는 것을 다루었습니다. 여기서는 상대의 욕구와 느낌을 주목해서 듣고 반응하는 사례를 살펴보겠습니다. 사례에서 교사 앞에 있는 학생이 어떤 욕구가 충족되지 않아서 어떠한 감정을 느끼고 있는지 알아봅시다.

은서 아무도 절 좋아하지 않아요.

교사 아니야, 친구들은 널 좋아해. 네가 수줍어하니까 널 잘 몰라서 그러는 것뿐이야.

여기서 교사는 우선 '아니야'라고 은서를 안심시키려고 합니다. 그다음은 은서가 느끼는 소외감에 주목하기보다 상황을 분석하는 말을 하고 있습니다. 이런 경우는 "은서야, 친구들과 친해지고 싶은데 그렇지 않아서 슬프구나."라고 말하는 것이 좋습니다.

가은 선생님은 혜리만 예뻐해요.
교사 내가 혜리한테 많이 도와 달라고 해서 화나니?

이 경우에 교사는 가은이의 화나는 감정은 언급했지만 가은이가 어떤 마음에서 화가 나는지는 말하지 않아 오히려 화낼 일이 아닌데 화를 낸다고 탓을 하는 것처럼 여겨질 수도 있습니다. 이럴 때는 "가은아, 선생님을 돕고 싶었는데, 그러지 못해서 서운하니?"라고 말하면 가은이의 마음을 어루만져 줄 수 있습니다.

현규 그 얘긴 하고 싶지 않아요.
교사 말 안 하면 할 수 없지. 이 문제를 어떻게 풀어야 할지 선생님도 모르겠네.

이 경우에 교사는 말하지 않는 현규를 탓하며 체념하는 말투로 자기 생각을 말하고 있습니다. 이런 경우에는 "현규야, 마음을 조금 정리하는 데 시간이 필요하니? 지금은 말하기 싫으니?"라고 현규의 마음을 헤아려 말한다면 현규는 곧 마음을 풀고 이야기를 이어 나갈 가능성이 커집니다.

공감적 대화는 쉬워 보이기는 하지만 막상 생활 속에서 실천하려고 하면 잘되지 않습니다. 머리로 배운 공감적 대화의 방법이 과연 몸에 배어 자연스럽게 나올 수 있을까 하는 의심도 듭니다. 우리의 성장 환경에서 부모, 교사, 친구가 이러한 공감적 대화 방법을 사용했더라면 이런 학습도 그 결과에 대한 의심 없이 자연스럽게 할 수 있을 것입니다. 하지만 우리의 의사소통 문화는 공감적 대화와는 다소 거리가 있습니다. 그러므로 우리부터라도 의식적으로 실천하려고 노력해야 합니다. 그러면 우리의 제자들이나 자녀들은 자연스럽게 서로의 마음을 헤아리는 공감적 대화를 할 수 있을 것입니다.

> **▶ 함께 이야기할 문제**
>
> 네 가지 공감적 대화 방법 중 여러분이 노력을 기울여야 할 것은 무엇인지 사례를 들어 이야기해 봅시다.

07

공격적으로 말하는 학생을 만났을 때

자기방어를 위한 합기도 화법

언어로 공격하면 교사도 상처 입는다

말로 이루어지는 언어적 공격에도 육체적 공격에서 사용하는 '폭력'과 '상처'라는 용어를 그대로 사용합니다. 그만큼 언어적 공격은 물리적 폭력과 같아서 개인의 내적 상처는 쉽게 아물지 않고, 마음의 고통도 계속됩니다.

지금까지 학교에서 언어폭력 문제는 주로 학생과 학생 사이에서 일어났습니다. 하지만 최근에는 상황이 달라져 학생이 교사에게 언어적 공격을 가하기도 합니다. 교사를 향해 학생이 내뱉은 언어적 공격에 교사도 다칠 수 있습니다. 그 순간 감정이 상할 뿐 아니라 교사로서의 자존감과 정체성에도 깊은 상처를 입습니다.

공격자의 행위가 눈으로 보이는 육체적 공격과 달리, 언어적 공격은 상대에 대한 무례한 언행과 태도, 조롱과 거부, 수치심을 유발하는 무시 등 다양한 형태로 이루어집니다. 학생들의 비아냥거리는 말투와 냉소적인 표정, 모욕적인 몸짓 등 비언어적 요소에 교사는 공격 자극을 더욱 깊게 느끼기도 합니다. 구체적인 언어 표현으로 이루어지는 언어적 공격과 달리 이러한 공격은 그 의도를 확인하기도 어렵고, 공격 자극을 지각하고 효과적으로 대응하기도 쉽지 않습니다.

학생의 언어적 공격에 효과적으로 대응하지 못하면 더욱 큰 피해를 초래할 수 있습니다. 무조건 반격하면 서로에게 피해를 줄 수 있으며 그렇다고 회피하거나 무반응으로 일관하면 문제의 해결을 기대하기 어렵고 비슷한 상황이 반복되면 교사의 상처는 깊어집니다. 순간을 모면하기 위한 회피와 타협은 미봉책에 그치기 마련입니다. 교사가 학생의 언어적 공격에 효과적으로 대응하기 위해서는 자기방어 화법이 필요합니다.

자기방어 화법이란 피하기 어려운 언어적 공격이 이루어지는 환경에서 공격이 확대되지 않도록 방지하거나 공격을 중지시켜서 정신과 정서의 안정을 유지하는 화법입니다. 언어적 공격에 대한 피해자의 잘못된 반응은 악순환의 고리를 만듭니다. 언어 대결에서 방어자가 희생자의 역할을 맡으면 공격자를 숙련된 언어 학대자로 훈련하는 것과 마찬가지입니다. 이러한 관점은 언어적 공격과 방어의 의사소통 구도를 순환 고리로 봅니다.[1]

자기방어 화법은 마치 물리적 공격에 큰 피해를 입지 않고 자기 몸을 방어하는 호신술과 같습니다. 자기방어 화법을 효과적이고 적절하게 적용하려면, 사전에 일반적인 지식을 갖고 정신적 정서적 갈등 상황에서 자신의 반응을 통제할 수 있어야 합니다.[2]

> **▶ 함께 이야기할 문제**
>
> 학생에게 언어적 공격을 받고 어떻게 대처했는지 경험을 나누어 봅시다. 특히 비언어적 의사소통을 동원한 언어적 공격이 이루어졌을 때 감정이 어떠했는지 이야기해 봅시다.

'특별한' 언어적 공격 감별하라

언어적 공격에 효과적으로 대응하는 방법을 익히기 전에, 여러분이 어떤 언어적 공격에 예민한지 파악하는 것이 중요합니다. 자신이 주로 어떤 언어적 공격에 과민하게 반응하는지 안다면, 자신의 분노를 객관적으로 보면서 관리할 수 있습니다.

언어적 공격에 대한 민감성 척도

여기에서 다룰 자기방어 화법인 합기도 화법을 제안한 루크 아처는 언어적 공격에 대한 민감성 척도를 소개했습니다.[3] 12개의 문항으로 구성된 이 척도로는 여섯 가지 언어적 공격에 자신이 민감하게 반응하는 정도를 점검할 수 있습니다.

언어적 공격에 대한 민감성 척도

당신은 다음과 같은 상대의 공격에 가장 민감하게 반응합니다.

❶ 비판·판단 [　　]

상대가 나의 정체성(외모, 성품, 성과 등)과 같은 본질적인 면을 공격한다.

▶ "선생님, 얼굴 못생겼어요."

▶ "선생님, 수업 진짜 도움 안 돼요."

❷ 책망·비난 [　　]

상대가 나의 특정 태도나 행동을 공격한다.

▶ "판서 좀 알아보게 하세요."

▶ "우리 반 평균이 왜 낮겠어요?"

❸ 기만·불신 [　　]

상대가 은폐, 축소, 과장, 거짓말로 진실을 감추어 상황을 통제하고자 한다.

▶ "저, 아무것도 안 했거든요."

▶ "화요일까지 제출하는 거 몰랐어요."

❹ 모욕·조롱 [　　]

상대가 나의 명예나 체면을 공격한다.

▶ "그냥 인강 듣는 게 낫겠어요."

▶ "지금 알고 설명하시는 건가요?"

❺ 반대·저항 [　　]

상대가 강한 반응으로 나의 의도나 말을 부정한다.

▶ "이런 활동 안 할 거예요."

▶ "학업 계획서 내기 싫은데요."

❻ 압력·강요 [　　]

상대가 나의 태도나 행동을 변화시키려고 한다.

▶ "수업 좀 일찍 끝내세요."

▶ "활동 말고 진도 좀 나가세요."

　　언어적 공격에 대한 민감성 척도는 0부터 6까지로 이루어지는데, 0은 내적 미소를 가리키며 6에 가까울수록 해당 언어적 공격에 과민하게 반응하므로 개선이 필요합니다. 민감도가 높은 공격 유형에 대해 반격하거나 회피하면 갈등이 증폭되므로 유의해야 합니다.

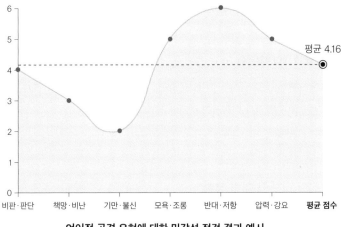

언어적 공격 유형에 대한 민감성 점검 결과 예시

그림은 어느 선생님의 언어적 공격에 대한 민감성을 점검한 결과의 예시입니다. 이 선생님은 "아니에요, 선생님이 틀렸어요. 선생님이 말한 대로는 안 될 것 같은데요?"와 같은 '반대·저항' 유형에 6점으로 가장 민감하게 반응하고 있습니다. 그러니 이 선생님은 학생의 반대와 저항에 부딪혔을 때 평정을 유지하도록 노력해야 합니다.

그림에서 나타난 언어적 공격에 대한 민감성 평균 점수는 4.16으로, 이 선생님은 언어적 공격에 전반적으로 민감하게 반응하는 유형에 해당합니다. 따라서 내적 미소를 포함하여 합기도 화법의 여러 기법을 수련할 것이 권고됩니다. 이 선생님처럼 누구나 언어적 공격에 특별히 취약한 부분이 있으며 언어적 공격에 대한 민감성 척도로 자신의 취약한 부분을 발견할 수 있습니다.

┌───┐
│ 🔊 함께 이야기할 문제
│
│ 여섯 가지 언어적 공격 유형 중 여러분이 가장 참지 못하고 과민하게 반응
│ 하는 것은 무엇인지 이야기해 봅시다.
└───┘

사티어 모드의 대처 유형

언어적 공격에 대한 민감성 척도와 더불어 방어 기제와 관련된
사티어 모드의 대처 유형을 아는 것도 도움이 됩니다. 가족치료사
인 버지니아 사티어는 가족 관계에서의 역기능적 행동을 설명하
기 위해 의사소통에서의 대처 유형을 분류했습니다. 여기서 대처
유형이란 긴장과 스트레스 상태에서 자기를 보호하고 생존하기
위한 방식을 의미합니다. 대처 유형은 개인의 내적 방어 기제로
인해 상당 부분 고착된 개인의 성향입니다.[4] 사티어는 상대의 공
격에 대처하는 반응 유형을 비난형, 회유형, 산만형, 초이성형, 일
치형으로 분류했습니다. 이러한 대처 유형을 알면 공격받는 긴장
상태에서 자신의 대응 방식을 점검하는 데 유용합니다.

비난형은 자신을 보호하려고 타인을 무시하고 결점을 지적하
며 통제하고 명령하는 유형입니다. "네가 제대로 하는 게 뭐냐?",
"너 때문이야."라며 자신의 약한 내면을 보호하기 위해 상대를 비

난하고 책망합니다.

회유형은 자신의 느낌이나 생각을 무시하고 다른 사람의 기분을 맞추기 위해 애쓰는 유형입니다. "다 내 잘못이야."라며 상대 의견에 반대할 때 생길 나쁜 상황을 우려하여, 자기의 생각과 느낌은 무시하고 상대의 기분을 맞추기 위해 애씁니다.

산만형은 생각과 말, 행동이 자주 바뀌고 동시에 여러 가지 행동을 하려고 하는 유형입니다. "왜 그렇게 심각해?", "무슨 상관이야."라며, 현재 감당이 어려운 문제에서 관심을 돌리고 분산시키기 위해 일관성 없는 언행을 합니다.

초이성형은 자기와 타인의 생각과 감정을 무시하고 상황만 지나치게 중시하는 유형입니다. 자신의 무능력과 혼돈을 감추려고, 원칙, 자료, 논리만을 내세워 추상적인 단어로 길게 객관적으로 설명합니다.

앞의 네 가지가 역기능적 의사소통 유형이라면 일치형은 바람직한 기능적 유형입니다. 일치형은 의사소통의 내용과 감정이 일치하는 유형으로 분명하고 정확하게 생각과 감정을 표현합니다. 긴장 상황에서 자신의 감정을 잘 인식하고 이를 말과 일치시킵니다. 솔직하고 분명하게 말하며, 언어적 메시지와 비언어적 메시지가 일치합니다. 자신에게도 자유롭고 타인에게도 개방적이고 융통성이 있습니다.

수젯 헤이든 엘긴은 사티어의 유형 분류를 받아들여, 언어적 공격을 받을 때, 비난하지도 회유하지도 말고 산만하지도 않게 대응할 것을 강조합니다.[5] 엘긴은 공격을 받을 때는 사티어가 말한 초이성형을 가리키는 컴퓨터 모드로 대응하거나, 안전한 상황에서는 사티어의 일치형을 가리키는 수평자 모드(leveller)로 감정을 정확하게 말하며 대응할 것을 강조합니다. 또한 상황에 따라 적절한 방어 모드를 사용해야 한다며 언어적 공격에 대처하는 네 가지 원칙을 제시하였습니다.

❶ 공격받고 있다는 것을 알아야 한다.
❷ 어떤 유형의 공격에 직면했는지 알아야 한다.
❸ 공격에 맞는 방어 방법을 알아야 한다.
❹ 후속 조치 방법을 알아야 한다.

언어적 공격에 대한 나의 대처 유형을 인식하고, 컴퓨터 모드나 수평자 모드를 사용하는 것도 중요하지만, 공격을 당하는 상황에서 방어 방법을 조금 더 구체적으로 이해할 필요가 있습니다. 이에 대해서는 합기도 화법에서 자세하게 알아보도록 하겠습니다.

공격 에너지를 무력화하는 합기도 화법

에너지를 화합한다는 이름이 의미하듯이, 합기도는 상대와 충돌하지 않고 에너지가 흐르는 방향을 받아들여 조화를 이루려는 철학을 바탕으로 한 무술입니다. 이러한 개념을 언어적 공격에 적용하여 공격자를 적으로 여기지 않고 파트너로 대하고 갈등을 관리하여 균형 잡힌 인간관계의 복원을 추구하는 것이 합기도 화법 (verbal Aikido)입니다.[6]

합기도 화법에서 수용한 무술 합기도의 원칙은 다음과 같습니다.[7]

❶ 공격에 굴복하거나 회피하지 않고 자기를 보호한다.

❷ 자기를 보호하지만 공격자에게 해를 입히지 않는다.

❸ 무력으로 대응하는 싸움은 하지 않는다.

❹ 상해 없이 상대 힘을 이용해 상대를 무장 해제하고 상대와 화합한다.

❺ 공격자와의 조화가 중요하며 갈등을 협력으로 변화시킨다.

합기도는 절대로 충돌하지 않고, 공격성을 중화(中和)하여 부정적(음) 에너지를 긍정적(양) 에너지로 환원합니다.[8] 여기에서 공격성을 중화하는 주요 방법은 회전 운동입니다. 합기도는 공격이 아니라 생명을 보호하는 방어 무술이므로 공격자와 방어자 누구도 다치지 않도록 회전 운동으로 에너지의 방향을 바꿔 위험에서 벗어남과 동시에 공격자를 제어하는 위치로 이동합니다.

상대 관점으로 회전하며 들어가 상대의 균형을 무너뜨려 불안정하게 합니다. 여기에는 이리미(irimi, 入身)라고 불리는 합기도의 회전 운동 기술이 행해집니다. 이리미는 상대의 공격 에너지가 그대로 흐르게 하되, 상대의 옆으로 회전하며 돌아 들어가 상대와 나란히 서는 기술입니다. 예를 들어 "그렇게 느끼셨군요. 그런 면이 있습니다. 그렇다면 무엇을 더 추가하면 좋을까요?"와 같이 상대와 나란히 서서 상대의 관점으로 사안을 바라보고 상대의 생각과 감정이 타당함을 인정하면서 상대에게 집중합니다. 상대의 관점을 비판하고 역공하는 것은 합기도 화법 정신에 어긋납니다.

구체적인 사례를 통해 합기도 화법을 익혀 봅시다.

학생 언어 자료만 잔뜩 주고 무슨 규칙을 탐구하라고 해요? 수업하기 싫어요.

교사 1 내가 설명한다고 이해되겠니? 탐구해서 스스로 원리를 찾아야지 공부지. [정당화]

교사 2 이건 내 수업 방식이야. 탐구할 준비도 제대로 안 하고 따지

는 거니? [언쟁, 비난]

교사 3 미안, 일단 계획대로 하자. 미안해. 우선 한번 해 보자. [회피,
방어]

이 상황에서 학생은 교사의 수업 방식에 불만을 갖고 교사의
수업을 거부하고 있습니다. 이런 공격적인 말을 들으면 교사는 일
반적으로 자기주장을 정당화하거나 상대를 탓하거나 충돌을 회피
합니다. 이러한 반응은 갈등을 증폭할 뿐 문제 해결에 도움이 안
됩니다. 그렇다면 교사는 어떻게 자기를 방어할 수 있을까요? 이
상황을 바탕으로 합기도 화법을 세 단계로 구분하여 살펴봅시다.

1단계[평정] 내적 미소로 힘을 흐르게 하기

평정 단계에서는 상대의 언어적 또는 비언어적 요소에서 공격
자극을 지각하되 마음의 평정을 유지합니다. 분노 조절에 실패하
여 곧바로 반격하면, 이어지는 자기방어 화법의 과정은 무의미해
지므로 평정심을 유지하는 것이 무엇보다 중요합니다. 평정은 첫
단계이지만, 후속 과정에도 지속적으로 적용됩니다. 우선 학생의
공격 자극과 나의 반응 사이의 간격을 인식합니다. 반응에 대한
선택권이 나에게 있음을 알고, 균형 잡히고 안정적인 상태의 '나'
에 집중합니다.

합기도 화법에서는 내적 미소라는 표현을 사용합니다.[9] 미소를 겉으로 드러내지는 않습니다. 바깥으로 드러내면 조롱으로 여겨져 반격을 부르는 역효과를 유발할 수 있습니다.

합기도 화법에서는 '모든 공격은 고통에 대한 호소이며 도움을 요청하는 것이다.'라고 전제합니다. 따라서 반격하지 않고 상대의 공격 에너지가 흐르도록 원하는 바를 더 말하게 합니다.

교사 [내적 미소] 어떤 점이 그런데?

학생 뭘 알아야 규칙을 찾죠. 이딴 활동 왜 하는지 모르겠어요.

학생은 내면에 잘 하고 싶은 욕구가 있는데, 이것이 충족되지 않아 힘들어하고 있습니다. 이 고통이 표면적으로 짜증 나는 말투

로 분출된 것입니다.

2단계[인정] **부분적으로 인정하고 돌아서 옆에 서기**

인정 단계에서는 상대의 관점으로 돌아 들어가 상대의 미충족된 욕구와 거기에서 비롯된 부정적 감정에 주목합니다. 이때는 "조금 그런 면이 있네."라며 상대의 말을 부인하지 않고 부분적으로 인정하는 것이 효과적입니다. 이때 지나친 자기 비하로 빠지면 안 되고 잘난 척으로 여겨지면 역효과가 있으므로 적절한 어조로 진심을 담아 표현해야 합니다.

교사 [내적 미소] 자료만 주고 규칙을 찾으라고 해서 답답했구나. <u>이 부분은 조금 그런 면이 있네.</u>

학생 그러니까요.

공격자는 일반적으로 정당화, 논쟁, 방어 등의 반응을 예상했으나, 기대했던 싸움이 이루어지지 않고 균형을 잃으면서 공격이 중단됩니다.

3단계[화합] **앞으로의 우리에게 집중하여 화합하기**

그다음에는 역공하지 않고 공격자의 균형을 바로잡고 타협점을 찾아 화합합니다. 충돌이나 무반응 등 문제를 회피하거나 악화시키지 않고, '나'와 '너'가 아닌 '우리'의 관점에서 상대의 공격을 중화하고 에너지의 화합을 의미하는 <u>합기</u>(合氣)를 행합니다.

교사 [내적 미소] 추천할 좋은 방법 있니?

학생 [불안정화] 어, 선생님께서 기초 지식은 설명해 주시고, 그다음에 이런 탐구 활동을 하면 좋겠어요.

교사 [내적 미소] 그래, 이야기해 주어 고마워. 그렇다면 우리가 앞으로 어떻게 하면 좋을까?

학생 무조건 탐구나 토론부터 시키지 마시고, 기본 개념은 좀 설명해 주시면 좋겠어요.

교사 [내적 미소] 그래, 그렇게 해 보자.

🗣 함께 이야기할 문제

1 다음 상황에서 민서의 발화에 내가 교사라면 무슨 말을 할지 이야기해 봅시다.

교사인 나는 한창 수업을 진행하고 있다. 평소 태도가 불량한 민서는 말도 없이 수업 시간에 늦게 들어왔다. 민서는 자기를 쳐다보는 학생들에게 공격적인 말투로 투덜대며 자리에 앉았다. 민서가 속한 모둠은 민서의 지각으로 오늘 수행해야 할 토론 활동의 짝이 맞지 않아 사전에 설계한 학습 활동에 지장이 생겼다. 지금 몇 시냐고 묻는 나에게 민서는 왜 늦었는지 궁금하지도 않냐며 능청스럽게 대답한다. 나는 자리에 앉으라고 했으나 민서는 비아냥거리며 교실을 나가 버린다.

교사 자, 애들아, 혹시 지금 토의 결론, 아직 완성되지 않은 조 있을까?

(드르륵 쾅)

(침묵, 모두가 뒷문을 쳐다본다)

민서 (반 학생들을 째려보며, 목덜미를 잡고) 아이 씨, 야, 뭘 봐.

교사 (포기한 듯이) 아이 씨? 너 지금이 몇 시인지는 알기는 하니?
(한숨을 쉬며) 됐다. 얼른 앉기나 해.

민서 지금요? (까불거리며) 뭐요, 10시잖아요. 이제 시계도 못 보시
나 봐요. 선생님은 제가 왜 늦었는지 궁금하지도 않으시죠?

교사 (화가 났지만 참는 듯이 표정이 굳어지며) 김민서! 너 지금 뭐 하
자는 거니?

민서 (흥이 떨어졌다는 듯이) 아, 뭐가요?

교사 뭐가요? (한숨을 쉬며 혀를 찬다.) 나는 네가 왜 늦었는지 알기
도 싫고 들을 시간도 없으니까 좀 앉아라. 너 때문에 수업이
중단된 거 안 보여?

민서 (비꼬는 듯이) 와, 씨, 학생이 늦었는데 궁금해하지도 않네. 선
생이야 뭐야.

(웃음바다)

교사 (언성을 높이며) 야! 너 지금 뭐라고 했어? 어? 너, 안 되겠다.
이따 수업 끝나고 교무실로 따라와.

민서 (책상을 쾅쾅 내리치며) 아 진짜 짜증 나네! (혼자서 교실 밖으로 나
간다.)

(정적)

2 위 교사의 발화를 합기도 화법의 단계를 적용하여 고치고 그 이후 교사
와 학생의 대화 전개를 시나리오로 만들어 봅시다.

08

반항적인 학생을 지도할 때

설득을 위한 유도 화법

최근 교권 침해와 관련된 언론 보도가 계속 늘고 있습니다. 군
사주의 문화의 고압적 소통이 이루어지는 교실도 문제이지만 교
사의 권위에 학생이 정면으로 반항하는 무정부 상태의 교실도 바
람직하지 않습니다. 여기서 다룰 내용은 교사의 지시나 요구에 대
한 학생의 저항으로 충돌이 예상되는 상황에서 학생의 자발적 순
응을 이끌어 내는 화법입니다.

　수업을 진행하는 교사가 학습 활동을 지시하거나 과제를 부여
했지만 학생이 무례하게 거부할 때 무조건 공감적 대화만으로 대
응할 수 없습니다. "그렇구나, 우리 현준이가 선생님의 수업 방식
이 마음에 안 드는구나."라고 학생의 마음을 헤아려 '그렇구나'라
는 공감적 언어 표현만 한다고 모든 문제가 해결되지 않습니다.

그렇다고 "나는 선생님이고 너는 학생이야. 두 번 말 안 한다. 이건 내 방식이야."라고 강요하면, 학생의 저항은 더욱 거세지고 심지어 돌발 행동이나 충돌로 이어질 수 있습니다.

불필요한 충돌은 피하는 게 좋다

여기에서 소개할 원리는 조지 톰슨과 제리 젱킨스가 제안한 유도 화법입니다. 톰슨은 수사학과 설득 이론을 전공하고 영문학 박사 학위를 받은 후 경찰 업무를 시작했습니다. 당시에 경찰이 용의자를 엄격하게 제압하는 과정에서 과도한 충돌이 발생하여 용의자와 경찰 모두 피해를 입는 사건이 많았습니다. 톰슨은 여기에 문제의식을 가지고 상대에게 무언가를 강제로 요구해야 하는 상황에서 설득을 통해 자발적인 수용을 얻어 내는 유연한 대화법을 고안하였습니다.[1]

무도 유단자인 톰슨은 부드러울 '유(柔)'라는 한자를 사용한 동양의 무술인 유도의 원리에 착안하여 이를 유도 화법(verbal judo)이라고 하였습니다. 유도는 말 그대로 상대방의 공격에서 나오는 힘을 역이용하여 균형을 잃게 하는 무술입니다. 다른 무술이 상대를 가격하여 때려눕히는 것과 달리, 공격하는 상대에게 충돌로 인한 상처를 입히지 않습니다. 예를 들어 경찰이 길거리에서 행인을 심문하면서 소지품을 검사하는 상황에서 행인이 거부할 때, 가방을 강제로 빼앗을 수도 있지만 가능하면 말로 자연스럽게 요청하여 행인이 자발적으로 협조하도록 하는 것이 바람직합니다.

특히 유도 화법은 경찰관, 군 지휘관, 교사, 종교 지도자 등 공식적인 권한을 가진 사람이 상대와 서로의 피해를 줄이기 위해 사용한다는 특징이 있습니다. 즉, 수평적 관계가 아니라 공식적인 권위가 부여되어 상대적인 권력 격차가 있어 강제력이 허용되는 소통 환경에서 사용됩니다. 여기서 권한을 가진 사람이 감정을 통제하지 못하면 충돌로 인한 상호 피해가 일어나기 마련입니다.

다음은 수업 시간에 발생한 실제 사례입니다. 두 명의 학생이 수업 중에 교실 밖을 돌아다니고 있었습니다.

교사 야 너희들 어디가? 이리로 와!

학생 1 아 이제 교실로 올라가려고요. 체육관에 뭐 좀 놓고 와서 가지러 갔다 왔어요.

교사 아니, 뭐를 놓고 왔어도 수업 시간 다 끝나고 가야지. 그리고 뭐 놓고 왔으면 한 명만 갔다 와야지 왜 두 명이 같이 갔다 와?

학생 2 (상당히 불손한 태도로) 아, 중요한 거니까 어쩔 수 없이 갔다 왔죠. 그리고 지금 올라간다잖아요? 진짜 짜증 나네.

교사 (흥분하며) 너희들이 잘못해 놓고 태도가 그게 뭐야? 응? 특히 너는! 네 엄마가 너 그렇게 가르치셨니?

학생 2 아 뭐라고요? 거기서 엄마 이야기가 왜 나와요? 선생님이 그렇게 이야기해도 되는 거예요? 이거 문제 되는 거 아니에요?

학생이 이 사건을 경찰에 신고하여 학교에 경찰이 출동하면서 일이 확대되었습니다. 이렇듯 학생이 반항하는 상황에서 교사가 분노 조절에 실패하여 과도한 발언을 하면 학생은 수치심과 좌절감을 느낄 수 있으며, 이는 더욱 강한 저항이나 심리적, 물리적 충돌로 이어질 수 있습니다. 여기서 앞서 언급한 수많은 교권 침해 사건이 발생합니다. 이로 인한 교사의 정신적, 육체적 피해가 심해져 대응책 마련에 대한 논의와 제도적 보완이 지속적으로 이루어지고 있습니다.

교사의 과도한 제압이나 강요는 근본적으로 분노 감정을 통제하는 데 미숙하여 발생한 것일 수 있습니다. 교사의 내면을 좀 더 깊이 들여다보면 학생을 제압하고 기 싸움에서 승기를 잡아야 한다는 무의식이 작용하고 있을지도 모릅니다. 교사는 권력자, 학생은 하급자라는 역할 정체성을 따라 명령과 복종의 의사소통을 하고 있을 수도 있습니다. 교사는 자신이 이런 강력한 위계적 소통 구도에 대한 인식에 사로잡혀 있지 않은지 점검해야 합니다. 물론 교사의 권위를 모두 내려놓고 수평적 관계로 친구 같은 교사가 되는 것이 전적으로 옳다는 것은 아닙니다. 그렇다고 무너진 교권을 바로 세우기 위해 추상같은 권위를 회복하려는 언행을 한다면 예기치 않은 부작용이 있을 수 있습니다. 모든 상황에서 적합한 대응 방법을 찾아내는 것은 경력이 많은 교사에게도 쉬운 일은 아닙니다. 끊임 없이 적절한 수준을 찾아 나가야 합니다.

여기에서 강조하고자 하는 것은 불필요한 충돌로 인한 상호 피해를 방지하기 위해 유연하게 요청하는 지혜가 필요하다는 것입니다. 사람은 누구나 명령보다 요청을 원합니다. 지시를 받을 때는 합리적인 이유를 함께 듣고자 합니다. 이유가 없는 지시는 복종을 요구하는 명령입니다. 누구나 명령에 따라 강제적으로 복종하기보다는 선택권을 가지고 자발적으로 행동하고자 합니다. 그러므로 유도 화법에서는 상대의 체면을 보호하고 선택권을 부여하여 자발적으로 수용하도록 하는 방식을 취합니다.

학생의 무례한 표현에 대해 "지금 뭐라고 했어? 이리 나와. 입 안 다물어." 등의 강압적 표현은 반발과 충돌을 야기할 수 있습니다. 이런 표현은 마치 경찰관이 범인을 제압할 때 주고받는 말과 같습니다. 자신이 잘못했음을 아는 학생이더라도 강한 심리적 저항을 느끼게 됩니다. 유도 화법은 즉각적인 반격보다는 상대의 공격력을 그대로 흐르게 하여 균형을 잃게 하는 유연한 대처 방법을 권고합니다.

미국의 경찰 교육용 화법을 교실 상황에 적용할 수 있을까 하는 의문이 들 수도 있습니다. 하지만 교권 침해와 같은 상황은 누구라도 겪을 수 있습니다. 뉴스에 보도되는 다른 교사의 문제가 아니라 내가 직면할 수 있는 문제라고 생각하면 심각한 갈등 상황에서 효과적으로 대처하는 의사소통 방법을 아느냐 모르느냐에 따라 결과는 매우 다릅니다. 유연하게 대처하는 방법은 이후에 자세히 이야기하고, 우선 적극적인 분노 표출을 자제하고 학생을 살피는 방법을 알아보겠습니다.

학생의 세 가지 유형

톰슨과 젱킨스는 상대 분석에 실패하면 의사소통의 악순환에 고리의 빠지게 된다고 경고하며 상대를 세 유형으로 구분합니다. 이를 교실 의사소통에 적용해 보면 다음과 같습니다.

친절한 학생
첫째는 매사에 협력적이고 규칙을 잘 지키는 친절한 학생입니다. 이런 학생에게는 특별한 대처 방법을 고민하지 않아도 됩니다.

겁쟁이 학생

둘째는 교사의 면전에서는 불만 없이 순응하는 척하다가 뒤에서 불만을 퍼뜨리고 은근하게 반항하는 유형입니다. 앞에서는 교사에게 자신의 느낌과 의견을 직접적으로 표현할 용기는 없지만 어떤 식으로든 불만을 드러내어 교실 분위기를 저해합니다. 우선 이런 유형의 학생에 대해서는 선을 분명하게 설정해서 대처합니다.

첫째, 직접적으로 공격적 표현을 사용하지 않는 은근한 모욕이나 조롱에 대해서는 불필요하게 반응하지 말아야 합니다. 모욕과 조롱은 상대적 약자가 사용하는 방법으로 상대의 반응이 있어야 활동력을 얻습니다. 반응하지 않으면 활동력이 사라집니다.

둘째, 정해진 선을 넘으면 정공법을 사용합니다. 교사도 학생과 같이 뒤에서 험담하면 자신도 모르는 사이에 나쁜 분위기는 걷잡을 수 없이 증폭됩니다. 다음과 같이 분명하게 되묻고 경고하면 효과가 있습니다.

네가 그렇게 말한 것이 사실이니? 만약 그렇다면 내가 없는 데서 하지 말고 내 앞에서 직접 해 주었으면 해. 그리고 앞으로 계속 그렇게 행동하면 나도 가만있지는 않을 거야. 이건 진심으로 경고하는 거야.

까다로운 학생

셋째는 반항하며 권위에 도전하는, 다루기 까다로운 학생입니다. 이런 유형의 학생과 소통할 때 가장 중요한 점은 학생의 언어적 공격에 즉각적으로 반격하지 않는 것입니다. 학생의 불손한 표현이 무례하다고 치를 떨게 아니라, 학생이 내면의 고통을 호소하는 것으로 바꾸어 생각할 수 있어야 합니다. 말하기 불안을 가진 학생이 토론식 수업을 좋아하는 교사의 수업 방식에 불안감을 호소하는 것일 수도 있습니다. 때로는 교사가 알기 어려운 가족 내의 숨은 갈등에 분노와 짜증이 가득 차 있을 수도 있습니다.

학생의 빈정거림에 발끈하여 반응하면 교사와 학생 관계에 해를 끼치는 독소가 될 수 있습니다. 학생이 빈정거리거나 투덜대더라도 교사의 지시를 따르면 해당 언어 표현은 무시해도 됩니다. 개인적 체면보다는 직업적 체면을 인식해야 합니다.

까다로운 학생의 대표적인 특징은 다시 세 가지로 나누어 볼 수 있습니다.

첫째, "왜요?"라고 교사가 지시한 이유를 확인하려 듭니다.

둘째, "무슨 권한으로 이런 거 시켜요?"라며 권위에 도전합니다.

셋째, "이런 거 하고 싶지 않아요. 이게 나한테 무슨 도움이 되나요?"라면서 이익과 불이익을 따집니다.

톰슨과 젱킨스는 세 가지 반응 중 지시한 이유를 묻는 첫째 질문과 권한을 묻는 둘째 질문은 불쾌하게 여기지 말고 질문을 역이용하여 반드시 답변하라고 합니다. 교사의 직무, 권한, 견해를 설명할 기회로 삼아 상호 이해를 도모합니다.

그런데 사실 이러한 설명만으로 "아 그렇군요."라고 바로 순응하는 학생은 애초에 저항하지도 않을 것입니다. 따라서 가장 본질적인 질문은 셋째 질문이고, 셋째 질문에 답하는 것이 핵심입니다. 교사의 지시를 자발적으로 수용할 때의 이익과 수용을 거부할 때의 불이익을 명확하게 설명해야 합니다.

▶ 함께 이야기할 문제

다음 상황에서 교사가 어떤 말로 대처하면 좋을지 이야기해 봅시다.

교사인 나는 학기 초부터 준비해 놓은 독서 수행평가를 진행하고 있다. 학생들이 지루해하지 않으면서 유의미한 평가가 될 수 있도록 몇 날 며칠 고민하여 과제를 개발했기 때문에 교사로서 기대감을 안고 교실에 들어섰다.

설명이 채 끝나지도 않았는데 한 학생이 큰 소리로 불만을 이야기했고, 다른 학생들도 분위기에 휩쓸려 동조하며 수업 분위기가 어수선해졌다. 그 학생이 톰슨과 젱킨스가 구분한 학생 유형 중 까다로운 학생이라면 무슨 말로 대처하면 좋을까?

교사 얘들아, 우리 앞으로 8차시 동안 책을 읽고 독후 활동을 하는 수행평가를 할 거야.

> **학생** (한숨을 쉬며) 아, 노잼.
>
> (학생들의 시선이 집중된다.)
>
> **교사** 아니, 무슨 내용인지 들어 보지도 않고 그래?
>
> **학생** 들으나 마나 뻔하죠. 책 읽고 줄거리, 느낀 점 쓰기. 몇 줄 이상
>   채워야 하고 아니면 감점 맞죠?
>
> (학생들이 서로 바라보며 키득거린다.)

자발적 수용을 이끌어 내는 유도 화법

유도 화법의 핵심은 톰슨과 젱킨스가 제시한 유연한 대화법의
기본 5단계입니다.[2] 한마디로 요약하면 단계적으로 선택권을 부
여하여 자발적 수용을 이끌어 내는 것입니다. 다섯 단계로 구분되
어 있으나 실제로 시행을 고려하면 크게 1, 2단계와 4, 5단계를 묶
어 세 단계로 구분하는 것이 편리합니다.

1단계 요구와 2단계 맥락 설명

요구와 맥락 설명은 이유를 설명하며 학생이 해야 할 특정한
행동을 요구하는 단계입니다. 1단계에서 요구를 하고, 2단계에서
요구와 관련된 절차나 규정을 설명하며 이성적인 설득을 합니다.
2단계에서 상황 맥락을 설명하면서 교사가 학생에게 특정 행동을

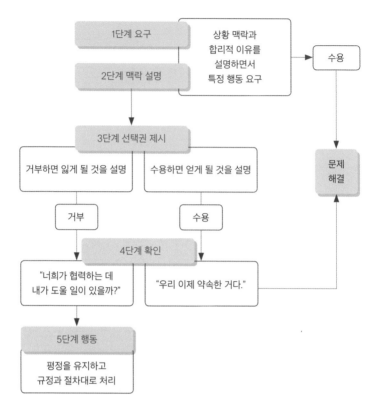

자발적 수용을 유발하는 유도 화법 5단계

요구하는 이유를 설명하지 않으면, 1단계의 요구는 강요로 여겨질 수 있습니다. 학생이 교사의 요구를 수용하면 이 단계에서 문제는 해결됩니다.

3단계 선택권 제시

2단계에서 실패하면 3단계 선택권 제시로 넘어갑니다. 교사가 요구하는 말을 학생이 수용했을 때 얻게 되는 이익과 거부했을 때 잃게 되는 불이익을 분명하게 제시하고 학생이 선택하도록 합니다. 선택권을 주지 않고 2단계에서 실패한 요구를 강요의 형태로 반복하는 것은 교사의 무능함을 드러냅니다. 학생이 불손한 태도로 교사의 요구를 거부할 때 다음과 같이 짜증 섞인 말투로 말하면 오히려 갈등을 증폭시킵니다.

너, 이리 나와. 지금 뭐라고 말했어? 조용히 안 해?
두 번 말 안 한다. 원하는 게 도대체 뭐야?

교사의 요구를 학생이 거부할 때 이를 그대로 받아들이거나 어쩔 수 없이 사정하는 것도 추후의 의사소통 구도를 설정하기 위해서는 바람직하지 않습니다. 왜냐하면 앞으로도 '학생이 거부하면 선생님은 물러나는구나.'라는 신호를 주어 상황을 더욱 어렵게 만들 수 있기 때문입니다.

3단계에서 학생에게 선택권을 줄 때 선택의 결과로 벌어질 일을 시각적으로 선명하게 제시하는 것이 효과적입니다. 그러면 학생은 교사의 요구를 수용해서 얻게 되는 이익과 거부할 때 생기는 불이익을 분명하게 인식할 수 있습니다. 여기서 학생이 긍정적인 대안을 선택하면 문제는 해결됩니다.

4단계 확인

4단계 확인에서는 학생의 선택을 함께 확정하고 공유합니다. 3단계에서 긍정적인 선택이 이루어졌으면 "우리 이제 약속한 거야."와 같은 말로 재확인하고 학생의 다짐을 받으면 문제가 일단락됩니다.

만약 학생이 거부했다면 "네가 협력하는 데 선생님이 도울 일이 있을까?"라고 최종으로 확인합니다. 이 부분은 추후 규정에 따라 시행하는 데 있어서 절차적 정당성을 확보하는 부분이므로 중요합니다. 4단계와 5단계를 합쳐 실제적 호소라고 합니다.

5단계 행동

4단계에서 학생의 거부와 교사의 확인이 이루어졌다면 5단계는 행동입니다. 합리적인 이유를 설명하고 선택권을 주었는데 거부하였으므로 5단계에서는 규정과 절차에 따라 행동합니다. 자발적 수용을 얻지는 못했지만 적절한 행동을 선택할 충분한 기회를 주었고, 조정 과정을 거쳤으므로 규정대로 처리하면 됩니다.

물론 그렇다고 강압적인 태도로 융통성 없이 모든 일을 처리하

는 것은 바람직하지 않습니다. 이럴 때일수록 불필요하게 감정을
드러내지 말고 평정심을 유지한 채로 분명하고 일관된 태도로 일
을 처리해야 합니다.

유도 화법은 이렇듯 권위를 가진 사람이 강압적으로 지시하지
않고, 자발적으로 수용을 이끌어 내는 유연한 설득의 단계를 제시
하고 있습니다.

💬 함께 이야기할 문제

1 다음 상황에서 (ㄱ)의 밑줄 친 민수의 발화에 내가 교사라면 무슨 말을
   할지 이야기해 봅시다.

교사인 나는 글을 읽고 각자의 관점에서 상상하고 모둠원과 재구
성하는 학습 활동을 준비했다. 하지만 항상 전교 1등을 놓치지 않
는 2반 민수는 토의토론 수업과 같은 활동형 수업에 불만을 제기
하기 때문에 조금은 걱정이 되었다. 그래도 학생들의 실제 의사소
통 역량을 신장하기 위해서는 이러한 학습자 참여형 수업이 필요
하다는 확신이 들어 수업을 잘 운영하겠다고 다짐하고 교실에 들
어갔다.
수업을 한창 진행하고 있는데 민수가 속한 모둠은 시작한지 5분
만에 활동을 끝내고 아무 움직임이 없다. 그 모둠으로 가보니 글
을 읽고 내용을 상상하는 모둠원들에게 민수가 자습서 내용을 베
껴 활동지 빈칸을 채우도록 하고 혼자 자습하고 있었다. 내가 화
가 나서 꾸중했더니, 민수는 대학 못 가면 책임질 거냐고 대들었다.

교사 자, 그럼, 다 이해했죠? 이제 모둠별로 김춘수의 〈꽃〉의 내
용을 재구성해 보고, 30분 후에 발표해 보자. 자, 이제! 토의
시작!

(왁자지껄)

교사 (모둠 친구들을 돌아보며) 음, 민수네 조는 토의가 벌써 끝난 건
가? 어떻게 다시 썼는지 좀 볼까?

민수 (국어 기출 문제를 풀면서, 한숨을 쉬며) 네, 거기 쓰여 있는 그대
로예요.

교사 (표정이 조금 굳어지며) 음…. 이거 누가 쓴 거니?

(모둠원들이 난감해하며 눈으로 민수를 쳐다본다.)

교사 민수야, 이거 네가 쓴 거니?

민수 (귀찮다는 듯이) 어, 정확히 말하면 제가 쓴 거는 아니고요. 자
습서에 써 있는 걸 제가 옮겨 쓴 거죠, 뭐.

교사 (화를 억누르는 말투) 음…. 지금 네 행동이 좀 잘못되었다는 건

알고 있지?

민수 (한숨을 쉬며) 아…. (한숨) 뭐가요, (헛웃음을 지으며) 또?

교사 내가 너희들끼리 내용을 구상해서 시를 재창작하라고 했지, 누가 자습서 예시 답안을 그대로 베끼라고 했어?

민수 (ㄱ) (어이없다는 듯이) 선생님 지금 시험이 코앞이에요. 2주밖에 안 남았다고요. 이딴 거 할 시간이 있어요? (언성을 높이면서) 답답하게 왜 이러세요? 어떤 대한민국 선생님이 이딴 거 시키고 있어요.

교사 (ㄴ) (언성을 높이면서) 야, 너 지금 말 다했어? 이게 내 수업 방식이야. 내 수업에서 문제집이나 풀고 있으면서 그런 말 할 자격이나 돼?

민수 네!! (눈을 크게 뜨고 대들면서) 이미 다 배웠으니까요. 배우러 학교 왔는데 수업에서는 배울 게 없잖아요. 그래서 문제집 푸는 거예요. 논 적 없어요. 잘못된 거 있어요?

교사 너 이러면 생기부….(헛웃음 지으며)

민수 (듣기 싫다는 듯이, 언성을 높이며) 아, 아, 네! 그러세요! 수업 안 하시는 선생님이랑 자습하는 학생 중에 누가 더 잘못한 건지 모르겠네요. (중얼거리며) 엄마한테 전학 가자고 해야지 진짜.

(쉬는 시간 종이 울림)

(정적)

2 밑줄 친 (ㄱ) 학생(민수)의 말에 대응한 밑줄 친 (ㄴ) 교사의 발화를 유도 화법의 단계를 적용하여 고쳐 봅시다. 그리고 학생이 끝까지 순응하지 않는 상황을 가정하여 이후 교사와 학생의 대화 전개를 시나리오로 만들어 봅시다.

3부

말하지 않고도
마음을 전하는 법

09

한 걸음 더 다가가라

비언어 의사소통

일반적으로 비언어 의사소통은 언어보다 훨씬 더 많은 메시지를 전달한다고 합니다. 또 언어적 의사소통과 비언어 의사소통이 동시에 전단될 때는 비언어 의사소통이 더 진정한 메시지를 전달한다고 합니다.

　여러분이 학생과 함께 만들어 갈 교실은 어떨까요? 교사의 일생에서 교실은 매우 많은 시간을 보내는 장소일 겁니다. 그곳이 행복한 교실이 될 것인지 아니면 단순히 성적을 올리기 위한 장소가 될 것인지는 여러분의 선택에 달려 있습니다. 아마도 학생들이 방긋방긋 웃고 행복한 교실이기를 바랄 겁니다. 그러기 위해서는 교사인 여러분이 먼저 행복해야 합니다. 행복한 교실의 비밀을 여기에서 함께 알아보도록 하겠습니다.

의미를 전달하는 모든 신호, 비언어

비언어 의사소통은 사고와 정서를 전달하는 데 동원되는 모든 신호에서 언어적인 메시지인 말을 제외한 모든 것을 의미합니다. 비언어 의사소통은 크게 일곱 가지로 구분할 수 있습니다.[1]

첫째, 신체 모습입니다. 일반적으로 통통한 체형은 귀엽다고 하고, 너무 마르면 성격이 까탈스럽다고 여기는 경우가 그것입니다. 신체 모습에 관한 사회 통념이 꼭 정확한 것은 아니지만, 교사의 체형이나 인상도 무의식적으로 어떤 메시지를 전달할 수 있다는 점을 알아야 합니다.

둘째, 인공물입니다. 패션이나 장신구와 같은 인공물로 자기를 표현하기도 하고 어떤 메시지를 전달하기도 합니다. 교사가 너무 반짝거리는 장신구를 착용하면 학생의 집중을 방해할 수 있습니다.

셋째, 몸짓과 같은 신체 움직임입니다. 교사의 손동작은 학생과 소통할 때 여러 의미를 담아 사용됩니다. 학생을 존중하는 방식으로도 경멸하는 방식으로도 사용될 수 있습니다. 앉아 있는 학생을 위해 자세를 낮춰 주거나 배려의 손짓을 하는 것도 신체 동작과 관련된 비언어 의사소통입니다.

넷째, 신체 접촉도 여러 메시지를 전달합니다. 체육 대회에 릴

레이 대표로 나갔다가 넘어져 울고 있는 학생에게 울음을 그쳐야 할 이유를 조목조목 설명하거나 괜찮을 거라고 막연한 위로를 할 수도 있습니다. 하지만 이때는 어떤 말보다 조용히 어깨를 토닥거려 주는 것만으로 위로의 마음을 전할 수 있습니다.

다섯째, 말의 내용은 아닌데 말에 얹혀서 의미를 변화시키는 억양, 어조, 성량, 속도 같은 것들이 있습니다. 이를 음성 행위 또는 준언어라고 합니다. "잘한다."라는 짧은 말도 어조만 달리하면 그 의미가 완전히 달라집니다. 특히 준언어는 교사의 감정을 고스란히 드러낸다는 점에서 여러모로 유의해야 합니다.

여섯째, 공간 또는 간격도 메시지입니다. 학생과 일정한 간격을 항상 유지하면 학생이 친밀감을 느끼기 어렵고 심리적 거리감을 느낄 겁니다. 또한 교실 공간의 책상 배치 등도 교실 구성원의 의사소통에 상당한 영향을 미칩니다.

일곱째, 시간도 메시지입니다. 문자 메시지를 보냈을 때 상대가 읽은 후 응답하는 시간을 생각해 봅시다. 여러 가지 사정이 있을 수 있지만 경우에 따라서는 그 사람과 나의 친밀한 관계를 간접적으로 드러내는 신호이기도 합니다. 여러분이 질문한 후 잠시 멈춰 기다려 주는 시간은 어쩌면 여러분이 학생을 신뢰하는 정도와 비례할 수 있습니다.

이러한 비언어 메시지는 언어적 메시지와 함께 쓰여 의사소통을 보완하기도 하고, 독립적으로 쓰여 언어적 메시지를 대체하기도 합니다. 문제가 되는 것은 비언어적 메시지가 언어적 메시지와 모순되게 사용되어 의사소통의 불일치를 야기할 때입니다. 오랜만에 만난 학생에게 말로는 반갑다고 인사하지만 비언어적으로는 시계를 무의식중에 본 경우가 이에 해당합니다. 교사는 항상 자신의 마음이 언어적으로나 비언어적으로 일관되게 표현되는지 세심하게 살필 필요가 있습니다.

📢 **함께 이야기할 문제**

교실에서 언어적 메시지와 비언어적 메시지가 불일치하여 의사소통에 문제가 발생한 경우가 있었다면 함께 이야기해 봅시다.

비언어 메시지에는 명시적인 언어가 개입되지 않습니다. 그래서 때로는 화자의 발신과 청자의 수신이 어긋나 갈등을 유발하기도 합니다. 예를 들어 어떤 학생이 특별한 의도 없이 중지를 사용하여 무엇을 가리키거나 흘러내린 안경을 올릴 수 있습니다. 청자인 교사는 이를 자신에 대한 비난이나 조롱으로 여겨 정색하며 화를 낼 수 있습니다. 다음은 그러한 사례입니다.

교사 네가 무슨 행동을 했는지 얘기해 봐. 그게 올바른 행동이니?

학생 (중지로 콧등을 긁으며) 아니요.

교사 너 지금 뭐 한 거니?

학생 네? 뭐가요?

교사 지금 중지로 나에게 욕한 거니?

학생 코가 간지러워서 긁은 것뿐인데요.

반대로 학생들이 교사의 설명이 너무 지루하다고 얼굴 표정으로 계속 신호를 보내는데 교사는 이를 전혀 인식하지 못하고 장황한 설명을 계속 이어 나간다면 원활한 의사소통이 이루어졌다고 보기 어렵습니다.

▶ 함께 이야기할 문제

교실에서 화자의 의도적인 메시지를 청자가 인식하지 못해서 갈등이 발생한 경우나 화자의 비의도적인 메시지를 청자가 의도가 담긴 것으로 해석해서 갈등이 발생한 경우가 있다면 함께 이야기해 봅시다.

표정에 담긴 의미

교실에서 다양한 비언어 의사소통은 다양한 방식으로 메시지를 전달합니다. 앞서 살펴본 여러 비언어 의사소통의 유형 중 여기에서는 교실에서 특히 유의해야 할 것들을 위주로 상세하게 살펴보겠습니다.

먼저 교사의 표정에 대해 이야기해 봅시다. 표정(表情)은 한자가 의미하듯이 마음속에 품은 감정이나 심리 상태가 겉으로 드러나는 것입니다. 학생들은 교사의 표정에서 '네가 일차 방정식도 못 푸는데 이차 방정식 문제를 풀 수 있을까?'라는 불신의 감정을 그대로 감지할 수 있습니다.

물론 격려의 따뜻한 마음도 표정으로 그대로 전달됩니다. 교사의 아무런 말을 하지 않아도 학생은 격려와 응원을 받는 느낌을 받고 조금 더 힘을 내려고 안간힘을 쏟게 됩니다. 이렇듯 교실에 들어서는 여러분의 얼굴빛에서, 수업 중 오가는 상호작용 속에서, 순간적으로 변하는 표정에서 학생들은 교사의 심리 상태를 그대로 읽어 냅니다.

사랑받고 있다고 느낀 경험이 있나요? 아마도 어렸을 때 여러분을 양육하신 분에게 그런 느낌을 받았을 겁니다. 그런 경험은 선물을 받았을 때도 느낄 수 있지만 따스한 눈빛이나 표정에서 느끼는 경우가 많습니다.

학창 시절 만났던 선생님들을 떠올려 봅시다. 용기를 내서 자원하려고 손을 들었는데 "네가? 헐!"하는 마음이 내비친 선생님의 냉소적인 웃음에 상처를 받았던 적도 있을 겁니다. 반대로 낙담해서 어깨가 축 처져 기운 없이 있을 때 선생님의 밝은 표정에 마음이 따스해졌던 경험도 있을 겁니다.

이제는 교사가 된 여러분이 따스한 마음을 표정이라는 비언어적 메시지에 담아 교실 내에 퍼뜨려야 합니다. 원래 낯빛이 어둡거나 포커페이스처럼 무표정한 사람도 있습니다. 하지만 따스한 마음을 품으면 딱딱한 표정을 뚫고 학생에게 그 온도가 전달됩니다. 낯빛이 어둡든 표정이 딱딱하든 살짝 올린 입꼬리에서, 웃음 짓는 눈매에서 학생들은 그 온기를 여실히 느낄 수 있습니다.

이와 반대로 아무리 밝은 안색을 가졌어도 냉소의 눈초리에서 구겨진 입매에서 학생들은 차가운 기운을 그대로 느낄 수 있습니다. 그리고 이러한 온기와 냉기는 여러분에게 그대로 거울처럼 반사되고 결국에는 교실 분위기를 좌우하게 됩니다.

혹시 이유도 없이 얼굴을 찌푸리는 습관이 있다면 의식적으로 고칠 필요가 있습니다. 인상을 쓰는 습관을 고친다면 마치 아기가 생기면 자연스럽게 모성애나 부성애가 생기듯이 학생을 만나면 사랑을 담은 표정이 자연스럽게 나오게 될 겁니다. 물론 학생들 얼굴을 떠올리며 사랑의 마음을 품는다면 더욱 그러할 겁니다.

다음은 한 선생님이 전한 사례입니다. 거울처럼 반사된다는 말의 의미에 대해 여러분의 경험과 생각을 이야기해 봅시다.

매일 학생에게 소리치고, 체벌이 금지되었지만 체벌을 하고, 교사의 권위를 이용해 협박하는 선생님이 있습니다. 제가 그 반에 수업을 들어가면, 너무나 사랑스러운 아이들인데 자신의 빛깔을 펼치지 못하고 있는 것만 같아서 속상했습니다. 학생들은 점점 더 담임 선생님을 어려워하고, 서먹한 관계가 되었습니다. 학급에 무슨 일이 생기면 담임 교사에게 말하지 않고, 숨기는 일이 많아졌습니다. 이 학급을 통해 교사의 기운을 학생들이 고스란히 느끼고, 그 결과가 그대로 거울처럼 교사에게 반사된다는 것을 느꼈습니다. 악순환의 고리처럼요.

동작에 담긴 의미

교사의 손짓이나 몸짓 같은 신체 동작도 많은 메시지를 전달
합니다. 그림 속 선생님의 몸짓을 살펴봅시다. 학생들에게 조용히
하라며 말하지 못하게 합니다.

손을 허리춤에 얹고 학생을 노려보고 있습니다. 물론 학생이 말
썽을 부려 혼을 내야 하는 상황도 있을 겁니다. 그렇지만 항상 팔짱
을 낀다든지 늘 뒷짐을 진다든지 하는 습관적인 동작은 부정적인
메시지를 무의식적으로 전달할 수도 있으므로 유의해야 합니다.

교사나 학생 모두 불필요하게 부정적인 메시지를 전달할 수 있

는 손짓과 몸짓을 조심해야 한다는 것은 당연한 일입니다. 이 외에 교실에서 손동작을 사용해서 간단하게 의사를 전달하는 방법을 소개하겠습니다. 주로 미국의 교실에서 사용되는 '교실 수신호'입니다. '교실 수어'라고도 하는데 그림에서 보듯이 교실 내에서 몇 가지 손동작을 약속처럼 정해서 의사소통하는 것입니다.

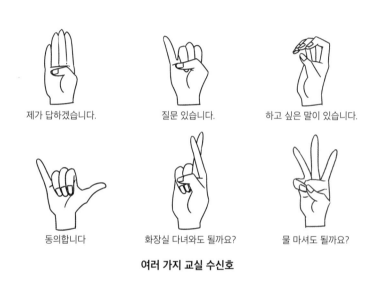

제가 답하겠습니다.　　질문 있습니다.　　하고 싶은 말이 있습니다.

동의합니다　　화장실 다녀와도 될까요?　　물 마셔도 될까요?

여러 가지 교실 수신호

수업 중에 엉뚱한 질문을 큰 소리로 계속하는 학생이 있을 수 있습니다. 때로는 물을 마시고 오겠다거나 화장실에 가고 싶다며 말해서 수업의 맥을 끊기도 합니다. 친구의 대답에 동의하지 않는다며 야유하거나 이상한 소리를 내기도 합니다. 이런 경우 그림과 같은 간단한 손동작을 수신호로 하여 소통하면 교실에서 원활하게 의사소통하는 데 도움이 됩니다.

특히 우리나라의 경우 초등학교에서 서로 대답하겠다고 손을 들던 학생들이 상급 학교로 올라갈수록 교사와 눈을 마주치지도 않고 답변을 피하고 침묵을 유지하는 경향이 강합니다. 다른 사람이 내 답변을 어떻게 생각할지 막연한 두려움이 생기기 때문에 교실은 교사가 질문하고 다시 교사가 답하는 공허한 메아리가 울리는 공간이 됩니다.

이런 경우 팔을 번쩍 들지 않더라도 간단하게 질문이나 의견이 있다는 신호를 보낼 수 있습니다. 교사가 개념을 설명하는 중에 이해가 안 되는 학생은 설명이 끝날 때까지 기다릴 필요 없이 바로 새끼손가락 하나를 들어 표시합니다. 그러면 교사는 조금 더 설명을 추가할 수도 있고, 어느 정도 설명한 후 다음 단계로 넘어가기 전에 "동호야, 질문이 있다고 했지? 어떤 부분이 이해가 안 되니?"라고 자연스럽게 묻고 설명을 이어갈 수 있습니다.

잠깐 화장실에 가는 경우도 간단한 손동작으로 수업의 맥을 끊지 않고 간단하게 소통할 수 있습니다.

물론 우리나라 교실의 소통 문화가 다르고 교사마다 관점도 달라서 이러한 손동작 수신호를 사용하는 면에서 다른 견해가 있을 수 있습니다. 여기에서는 참고삼아 소개한 것이니 유용하다고 생각하는 것이 있다면 사용하면 될 것입니다.

교실 공간에 담긴 의미

앞서 교사와 학생의 간격과 교실 공간도 메시지라고 하였습니다. 사람과 사람의 간격은 두 사람 사이의 심리적 거리를 반영하기 때문입니다. 그렇다고 무조건 가깝게 가는 것은 바람직하지 않고 적절한 간격이 있습니다.

그림은 교사와 학생이 서로 장난을 치는 모습입니다. 해당 학생은 물론 다른 학생들이 웃고 있는 모습을 보면 특별한 갈등이 있어 보이지는 않습니다. 하지만 이러한 과도한 접촉은 바람직하다고 볼 수 없습니다. 특히 교사와 학생의 성별이 다를 경우에는 매우 조심해야 합니다. 친밀감을 표시한다는 비언어적 의사소통 행위가 과도한 접촉으로 이어지면 안 되겠습니다.

그렇다면 교실 공간은 어떤 의미를 전달할까요? 왼쪽 그림처럼 바둑판식으로 배치된 책상으로 가득 찬 교실 공간에는 어떤 메시지가 나오는 걸까요? "학생들은 교단 위에 올라선 선생님의 말씀을 경청해야 해. 학생들끼리 소통하는 것은 중요하지 않아. 선생님의 말씀을 받아 적고 숙지해."라는 메시지가 암묵적으로 나오고 있습니다.

그런데 오른쪽 그림처럼 모둠별로 학생들끼리 머리를 맞대도록 책상 배열을 하면 어떻게 될까요? "배움은 학습자 간의 소통을 통해서 구성되는 것이란다. 너희들끼리 대화하는 것이 중요해. 서로 의견을 나누고 아이디어를 모아 문제를 협력해서 해결해 보렴."이라는 메시지가 교실 내에 가득 차게 됩니다. 이렇듯 교실 내 공간 배치만 바꾸어도 학습자의 참여를 중시하는 교실 의사소통 문화가 자연스럽게 조성됩니다. 교실의 색상을 바꾸고 여러 가지

소품을 가져다 놓아 친근한 공간으로 바꾸는 시도도 의미가 있습니다.

━ 🗣 함께 이야기할 문제 ━

학생의 배움이 증폭될 수 있는 다양한 교실 배치 방법에 대해 생각해 봅시다.

비언어적 메시지는 교실 내의 소통 문화에 커다란 영향을 미칩니다. 어떤 말을 어떻게 하느냐도 중요하지만, 교사가 자신도 모르는 사이에 표정과 손짓, 자세, 간격으로 전달하는 메시지도 중요합니다. 교사가 전달한 메시지는 학생의 표정과 자세를 통해 거울처럼 그대로 반사되어 교사의 감정에 영향을 미칩니다. 교사의 행복감이 학생들에게 반사되어 행복감으로 가득 찬 온기의 선순환이 이루어지는 교실이 되든 그 반대의 경우가 되든 출발점은 교사의 선택에 달려 있습니다.

🗨 함께 이야기할 문제

다음은 한 교사가 전한 사례입니다. 교사의 웃는 표정이 학생들에게 반사되어 교실에 가득 차서 온기의 선순환이 이루어진다는 말의 의미에 대해 자신의 견해나 경험을 이야기해 봅시다.

저는 행정 업무로 바쁜 중에도 학생들이 교무실로 찾아오면 웃는 미소로 반겨 주려고 노력합니다. 비언어적 의사소통의 중요성을 알기 때문에, 이 부분을 신경 쓰려고 했습니다.

업무 처리를 하느라 모니터를 보고 있다가도 학생이 찾아오면, 의자를 돌려 몸이 학생을 향하게 하고, 고개도 돌려 학생의 눈을 바라봅니다. 그리고 항상 제 교무실 자리 옆에 학생을 위한 의자를 마련해 놓아 언제든지 학생이 와서 고민 상담을 할 수 있게 했습니다. 이렇게 노력한 결과 학생들이 저를 조금은 더 신뢰하게 된 것 같고, 학생들의 행복한 감정이 저에게도 느껴졌습니다.

10

대화로 하는 합주

말투

교사의 말투만으로도 학생은 변한다

말투란 말하는 스타일(speech style)을 의미합니다. 스타일에는
두 가지 의미가 동시에 포함되어 있습니다. 첫째, 상황과 대상에
따라 자의적으로 선택해서 사용할 수 있다는 의미입니다. 교사는
수업이 진행되는 교실에서 일대다로 공식적인 말을 할 때는 격식
체를 사용하다가, 순회 지도를 하며 한 학생에게 다가가서는 친근
체를 사용하여 말합니다. 사회언어학에서는 이러한 관점에서 말
투를 '대화 주제, 상황, 청자와의 관계에 따라 적절하다고 생각되
는 독특한 말의 양식'으로 정의하고, 이러한 양식은 발음, 단어, 문
법 구조 층위에서 드러난다고 하였습니다.[1]

둘째, 스타일이란 어느 정도 굳어져서 습관화되었다는 의미가 담겨 있습니다. 그 사람의 옷 입는 성향을 가리켜 패션 스타일이라고 합니다. 이렇듯 말의 스타일에도 쾌활한 말투, 긍정적인 말투, 빈정거리는 말투, 짜증 내는 말투, 가르치려 드는 말투 등 개인이 가진 성향이 습관으로 굳어져 있습니다.

스타일의 첫째 의미와 관련해서는 이미 충분한 교육을 받은 교사로서 공식적인 상황과 비공식적인 상황을 혼동하여 격식체와 친근체를 잘못 사용하는 경우는 매우 드물 것입니다. 여기에서는 습관적으로 굳어진 말하는 양식으로서의 스타일에 주목하여 이야기하고자 합니다.

말투에는 말하는 사람의 감정과 상대에 대한 태도가 고스란히 묻어납니다. 개인의 말하기 스타일로서의 말투는 습관적으로 사용하여 자기 자신이 문제점을 잘 모르기도 하고, 오랫동안 사용해서 굳어진 것이라 고치기도 어렵습니다. 말의 내용을 바람직한 내용으로 채워도 말투에서 화자의 감정과 상대에 대한 태도가 여실히 드러나 본의 아니게 의사소통에 어려움을 겪는 경우가 많습니다. 말투에는 목소리에 담긴 온도인 따스함과 차가움이 그대로 묻어납니다. 상대에게 화가 날 경우에는 목소리에 힘이 들어가고 어조가 올라가 불쾌한 감정이 고스란히 전달되어 갈등을 불러일으킵니다.

목소리(속도, 높낮이, 크기, 질) 자체가 말하는 것입니다. 목소리에는 '난 네가 참 좋아.', '난 너보다 우월해.'와 같은 상대에 대한 태도와 감정이 고스란히 담깁니다.[2] 학생들은 말의 내용과 더불어 말투에서 전달되는 추가적인 메시지를 그대로 느낄 수 있습니다. 예를 들어 학생의 엉뚱한 질문에 "그건 지난 시간에 선생님이 설명한 걸 참고하면 되겠지요."라고 평범하게 말해도 말투에 '멍청한 놈'이라는 추가 메시지가 전해진다면 학생은 불쾌한 감정을 느끼게 됩니다.

> **▶ 함께 이야기할 문제**
>
> 위의 사례와 비슷한 대화 경험이 있다면 이야기해 봅시다.

말투는 교사와 학생의 관계 개선을 촉진할 뿐만 아니라 학습 효과를 높이기도 합니다. 교사의 말투에 학생을 향한 진정성이 느껴진다면 학생은 이에 대해 즉각적으로 반응합니다. 이러한 반응은 교사와 학생의 상호작용을 원활하게 하여 관계가 개선됩니다. 아마도 누구나 학창 시절 선생님께서 자신의 이름을 기억해서 다정하게 불러 주시거나, 일상생활에 관심을 보여 주어 마음이 따뜻해진 경험이 있을 것입니다. 선생님이 좋아져서 수업에 관심이 커졌던 경험도 있고, 그 반대의 경우도 있었을 것입니다.

관계 중심의 학급 경영을 주장하며 '애착 교실'을 중시하는 루이스 코졸리노에 의하면, 교사와 학생이 얼굴을 맞대고 마음을 나눌 때 학습자의 두뇌가 발달한다고 합니다. 교사와 학생의 상호작용은 학습에 중요한 역할을 하는 신경가소성을 자극하거나 억제합니다. 교사의 지지, 격려, 보살핌이 있는 환경에서 학생은 신경 회로가 자극을 받아 가장 잘 성장합니다. 이때 학생은 교사의 표정, 몸짓, 말투에 관한 감각 정보를 자동적이면서 무의식적으로 처리하여, 안전과 신뢰의 정서를 느끼게 됩니다.[3]

지혜로운 교사의 말하기에 관한 책을 저술한 칙 무어만과 낸시 웨버는 교사가 선택하는 단어와 표현 방식은 학생의 성적, 자존감, 정신 건강, 정서 발달에 중대한 영향을 미친다고 하였습니다. 교사의 말투만으로도 학습 성과의 향상을 기대할 수 있으며, 학생들이 몰라볼 정도로 당당해진다고 주장했습니다.[4]

나의 말투 파악하기

말투는 성장 환경에서 형성됩니다. 말하는 스타일인 말투는 성장 환경에서 부모나 형제와 자매, 교사, 친구 등 주변의 중요한 사람들에 의해 형성됩니다. 사물의 뜻을 가리키는 단어부터 그것을 말하는 표현 방식까지, 구어 사용이 많은 어린 시절에 접한 주변 언어 환경에 따라 말하는 스타일이 입력되고 자신만의 스타일이 형성됩니다.

신경질적인 말투를 사용하는 아버지, 빈정거리는 말투를 사용하는 어머니의 보살핌 속에서 자란 아이를 떠올려 봅시다. 물론 개인의 선천적인 기질이 있지만, 조금만 짜증이 나면 신경적인 말투가 나오고, 친구가 잘난 척을 하면 바로 빈정거리는 말투가 나올 가능성이 높습니다.

말투를 파악하기 위해서는 개인의 본성부터 주변 환경의 영향까지 모두 점검해야 합니다. 말투를 점검할 때는 스스로 평가할 수도 있지만, 동시에 자신과 자주 접하는 친구나 형제, 자매에게 객관적인 평가를 부탁하여 자기 평가와 차이가 큰 부분에 예의주시해야 합니다.

말투를 점검하는 설문은 다음과 같이 어의(語義) 분별 척도를 사용해서 양 끝단의 대척점에 어투를 놓고 상대적인 위치를 파악하는 방법을 사용할 수 있습니다.

말투 점검표

가까운 쪽에 √표시 하세요.

차가운	□	□	□	□	□	따스한
퉁명스러운	□	□	□	□	□	자상한
불친절한	□	□	□	□	□	친절한
적대적인	□	□	□	□	□	우호적인
잘난 척하는	□	□	□	□	□	겸손한
무시하는	□	□	□	□	□	존중하는
경직된	□	□	□	□	□	자연스러운
수직적인	□	□	□	□	□	수평적인
거친	□	□	□	□	□	부드러운
품격 없는	□	□	□	□	□	품격 있는
부정적인	□	□	□	□	□	긍정적인
비관적인	□	□	□	□	□	낙천적인
불안정한	□	□	□	□	□	안정된
소극적인	□	□	□	□	□	적극적인

14개의 항목은 다음 네 가지로 범주화가 됩니다.[5]

말투 항목	명칭
수평적인, 부드러운, 존중하는, 우호적인, 겸손한	친밀성(親密性)
따뜻한, 자상한, 친절한	온정성(溫情性)
적극적인, 낙천적인, 긍정적인	명랑성(明朗性)
안정된, 자연스러운, 품격 있는	안정성(安定性)

교사의 말투를 분류하는 네 개의 요인은 학생이 지각하는 음성에 대한 네 가지 물리적 특성으로도 설명할 수 있습니다. 예를 들어 친밀성은 학생을 끌어당기는 요소로 인력(引力)에 해당합니다. 온정성은 말소리에서 느껴지는 따스함으로 온도에 해당합니다. 명랑성은 말소리에서 느껴지는 밝음이며, 안정성은 말소리의 운동성에서 안정된 성질을 의미합니다.

즉, 교사의 말은 교실이라는 공간에 소리를 통해 에너지와 파동을 불어넣고 의사소통의 분위기를 조성합니다. 교사의 말이 지니는 물리적 특성이 교실의 분위기를 형성한다는 사실은 교사의 말투가 교실 의사소통 분위기에 미치는 영향력의 실재를 다차원적으로 설명한다는 점에서 의미가 있습니다.

▶ 함께 이야기할 문제

여러분의 말투에 스스로 점수를 매겨 보고 어떤 점에서 개선이 필요한지 성찰해 봅시다.

이런 말투는 이렇게

첫째, '원래 그렇다.'라는 말투는 상대가 비정상적이라는 메시지를 전달합니다. 습관적으로 '원래, 보통은, 일반적으로'라는 말을 주로 사용하는 사람은 거기에서 벗어난 상대를 비정상적이라는 메시지를 전달하는 것입니다. 이는 자기 원칙을 강조하는 독선적인 말투입니다.

예를 들어 "이거 원래 다 이렇게 하는 거지. 초등학교 교과서에도 나오는 얘기잖아."라고 말한다면 상대는 '나는 초등학교 학생도 하는 것을 못하는 비정상 범주에 속하는 이상한 사람이구나'라는 느낌이 들어 불쾌해집니다. 상대와 의견이 다르거나 상대에게 내가 원하는 바를 요구하는 경우 '원래 이러는 거야'라는 식의 표현은 상대를 밀어내는 말투이므로 유의해야 합니다. 학생의 생각을 존중하기보다 내가 옳다고 생각하는 바를 말하기 위해 이런 식의 말투를 사용하면, 학생들의 마음의 문은 닫히게 됩니다.

둘째, 가르치려 드는 말투는 상대가 부족하다는 메시지를 전달합니다. 가르치려 드는 말투는 가르치는 일을 직업으로 삼는 교사의 특성상 가장 빈번하게 나오는 말투입니다. 삶의 경험과 지식이 부족한 어린 학생들에게 필요한 지식을 전달해 주고 인생의 경험을 전수해 주어야 한다는 교사의 정체성은 가르치려 드는 말투를 너무도 자연스럽게 조장합니다.

수업은 물론이고 생활에 관한 상담에서도 교사가 학생을 가르치는 것은 당연합니다. 여기에서 문제로 삼는 것은 학생의 고민

토로에 "언제부터 그랬는데?"라며 심문하고, "너는 그래서 그게 안 되는 거야."라고 설명하고, 이어서 훈계를 버릇처럼 하는 경우입니다.

심문하고 설명하고 훈계하는 것은 모두 학생을 위한 마음에서 비롯합니다. 하지만 먼저 학생의 감정에 공감하기보다 바로 문제점을 분석해서 조언과 훈계를 하는 것은 자칫 상대의 잘못을 추궁하거나 책망하게 될 수 있습니다. "과제에 의문이 있었으면 진작질문을 했어야지."라는 말투는 잘못에 대한 책망의 마음이 그대로 전달됩니다. 교사와 학생의 관계에서 늘 칭찬만 할 수는 없지만, 매사에 훈계조의 말투는 교사와 학생의 거리를 멀게 만들 수 있으므로 유의해야 합니다.

셋째, 고압적인 말투는 상대를 존중하지 않는다는 메시지를 전달합니다. "눈 똑바로 안 떠?, 얼른 받아 적어."와 같은 명령형 말투는 지시와 복종의 의사소통 구도를 형성합니다. "개별 학습지다 했으면, 모둠별로 모아서 내!"라고 느낌표를 사용하여 말할 수도 있지만, "개별 학습지 다 했으면, 모둠별로 모아서 내 줄 수 있니?"라고 물음표를 사용하여 말하면 부드러운 말투가 됩니다. 물음표를 사용해서 상대에게 선택권을 주는 것은 강압적인 명령투를 공손성을 갖춘 부드러운 요청형 말투로 바꾸는 방법입니다.

넷째, 짜증 내는 말투는 현재 상태에 불만이 있다는 메시지를 전달합니다. 늘 목소리에 짜증과 불만이 가득 찬 선생님을 떠올려 봅시다. 혹은 여러분이 그렇지 않은지 생각해 봅시다.

수업 준비와 여러 행정 업무로 바쁜 일상에서 생각대로 따라 주지 않는 학생들의 언행에 짜증이 나기 일쑤입니다. 교사도 당연히 짜증이 날 수 있고 분노의 감정이 생길 수도 있습니다. 그런데 이러한 성정이 말투에 베어서 습관적으로 짜증을 부리는 말투로 굳어지는 경우가 있습니다. 교사의 짜증과 분노는 학생에게도 그대로 전이되어 교실 전체가 짜증이 가득 찬 분위기로 점차 변해 갑니다. 어디서부터 잘못된 것인지, 이 반은 들어오면 왜 이렇게 짜증이 나는지 그 원인을 생각해 보면 이미 악순환의 고리에 빠져 있는 상황을 발견하게 됩니다. 학생과 교사는 서로에게 거울처럼 서로의 짜증과 분노를 반영해 주고 있음을 알아야 합니다.

▶ 함께 이야기할 문제

앞에서 다룬 네 가지 말투 중 여러분에게 해당하는 것은 어떤 것입니까?

아름다운 대화의 합주

학생과 대화할 때 자신의 말투와 학생의 말투를 면밀히 점검해 봅시다. 악순환의 고리에서 벗어나 바람직한 선순환의 고리로 대화를 옮겨 가려면 말투를 수렴해야 할 부분과 말투를 분기해야 할 지점을 인식해야 합니다.

의사소통 조정 이론에 의하면 대화 참여자의 말하기 스타일은 경우에 따라 수렴하거나 분기합니다.[6] 대화할 때 서로의 말투를 수렴시키면 대화의 합주를 아름답게 할 수 있습니다. 서로 호감을 가질 경우 말투가 수렴됩니다. 마치 바이올리니스트와 첼리스트가 빠르기와 크기 등을 서로 맞추어 곡의 분위기를 조정하여 함께 아름다운 곡을 합주하는 장면과 같습니다. 이처럼 말의 온도, 빠르기, 어조 등을 서로 조정하여 대화하면 음악을 연주하듯 대화를 함께 만들어 갈 수 있습니다. 반대의 경우를 떠올려 봅시다. 대화하는 한쪽은 매우 거칠고 고압적인 말투를 사용하고 한쪽은 냉소적인 말투를 사용한다면 어떨까요? 대화는 불협화음이 연속되면서 중단되거나 갈등으로 치닫기 십상일 겁니다.

대화할 때 상대의 바람직하지 않은 말투를 인식했다면, 거기에 동조되어 악순환의 고리에 빠져들지 않게 조정해 나가야 합니다. 심하지 않은 경우에는 그와 반대되는 말투로 조정해 나가고, 상대가 대화상의 문제를 전혀 인식하지 못하고 습관적으로 말투를 사용할 때는 불쾌하지 않게 해당 말투에 대해 조심스럽게 언급해야 합니다.

예를 들어 내가 의견을 이야기했을 때, 습관적으로 "아니야!" 로 말을 시작하는 상대가 있습니다. 잘 들어 보면 내가 제시한 의견과 크게 다를 바 없는데 마치 내 의견이 전적으로 틀려서 반박하는 것처럼 들립니다. 상대와 의견이 비슷한 나도 반박을 당하는 것 같아 마음의 문이 닫히고 말문도 닫힙니다. 이렇듯 상대의 말투가 습관으로 고착되었고 대화에 방해가 된다면, 정중하게 대화를 방해하는 말투에 대해 이야기를 나누어야 합니다.

일부러 말투를 바꾸어 심리적 거리감을 확보하거나 차별을 부각하는 경우도 있습니다. 갑자기 무리한 요구를 하면서 매우 친근한 어투를 사용하는 사람에게 격식체를 사용하여 거리감을 드러낼 수도 있습니다. 학생들이 계속 빈정거리는 말투를 사용할 때 교사는 오히려 존중하는 말투를 사용할 수도 있습니다. 학생들이 저속한 표현의 말투를 사용할 때 교사는 오히려 격식을 갖추어 말함으로써 불필요한 동조 현상을 피하고, 명시적인 훈계 없이 바람직한 대화 방식으로 조정해 가는 방법을 사용할 수 있습니다.

📃 함께 이야기할 문제

1 다음 상황에서 교사의 말투를 수정하여 대화의 악순환을 끊고 선순환의 고리로 이동해 봅시다.

교사인 나는 우리 반에서 교우 관계가 좋지 않은 은채를 상담하고 있다. 이전 학년 담임 교사에 의하면 은채는 인간관계에서 상처가 많아 날이 서 있으며 속마음과는 달리 건강하지 못한 방어기제를 주로 사용한다고 했다. 은채가 어떤 반응을 보이더라도 따뜻하게 다가가야겠다는 다짐을 하고 상담을 시작했지만 쉽지만은 않다.

교사 은채야, 요즘 친구들과의 생활은 어때?

은채 아, 왜요, 또?

교사 아니, 선생님은 걱정이 되니까.

은채 걱정하는 척이겠죠.

교사 그게 무슨 말이야. 지난번에 지민이도 은채 너랑 친해지고 싶다고 선생님한테 이야기했어.

은채 응, 아니에요.

교사 하…. 너 자꾸 이럴래?

은채 뭘요?

교사 네가 자꾸 이런 태도로 하니까. 아, 됐다, 됐어.

은채 되긴 뭐가 돼요?

교사 됐고, 그냥 수업이나 들어가.

2 의사소통 조정 이론을 실생활에 어떻게 적용할 수 있는지 예를 들어 이야기해 봅시다.

무한 자원인 행복의 소리를 아시나요?

십수 년 전 공적 원조 사업에 참여하여 팔레스타인과 이스라엘을 방문한 적이 있습니다. 지금처럼 전쟁으로 치닫기 전에도 거리에서 시위를 하고, 가끔 건물에 폭탄이 떨어지는 일도 있었습니다. 거리에 어린이나 학생들은 보이지 않고, 적막만 가득했습니다.

이따금 먼지만 흩날리는 거리를 걷다가 귀국하여 동네 공원을 지날 때, 익숙하고 반가운 소리가 들려왔습니다. 하교하던 여중생들이 재잘거리다가 웃음보가 터지고, 초등학교 남학생들이 장난치며 뛰어 가면서 서로를 부르고 있었습니다. 이 얼마나 행복한 소리인지 새삼 깨닫게 되었습니다. 아이들의 소리가 소거된 세상이 얼마나 적막한지 대조적인 경험을 통해 아이들의 소리가 바로 '행복의 소리'라는 것을 알게 되었습니다.

‘교사’는 직업 분류에 사용되는 하나의 직업 명칭이 아닙니다. 우리가 ‘부모’를 직업이라고 하지 않듯이, 교사도 단순한 직업만으로 치부할 수는 없습니다. 교사는 부모나 친구와 더불어 학생의 성장에 매우 큰 영향을 미치는 중요한 존재입니다. 사람이 성장할 때 부모와의 관계나 교우관계가 여러 면에서 영향을 미치듯 교사와 학생의 관계도 인지적으로나 심리적으로 한 사람이 온전한 인격체로 성장하는 데 결정적인 영향을 미칩니다. 여러분이 오늘 한 말도 의식하든 의식하지 않았든 작은 씨앗처럼 어떤 학생의 삶에 큰 영향을 미칠지 모릅니다.

교직 생활을 하다 보면, 마음속에 선생님의 정체성보다 직장인의 정체성이 차지하는 비중이 커지는 순간이 있을지도 모릅니다. 그러나 그런 부정적인 상황을 이겨내고 선생님으로서의 마음을 지켜낸다면 학교생활이 학생들에게는 물론이고, 선생님에게도 훨씬 즐겁고 보람찰 겁니다. 선생님의 마음을 지켜 나간다면 교직 생활에서 학생의 호기심에 찬 반짝이는 눈빛, 입가에 번지는 미소, 깔깔거리며 터져 나오는 웃음은 무한한 자원으로 여러분에게 새로운 힘을 줄 겁니다.

힘들게 하는 학생을 지도하며 마음을 쏟는 일, 교내외의 여러 갈등 상황을 해결하는 일, 마음을 분주하게 하는 번잡한 행정 업무 등 여러분의 에너지를 소진하는 일상에서 교단에 선 하루를 버티고 앞으로 나아가게 할 무한한 에너지 자원의 통로를 찾기 바랍니다. 산속 땅을 뚫고 솟아나는 샘물처럼 여러분의 교직 생활을 지탱하게 할 힘을 찾는 데 이 책에서 소개한 대화와 관련된 내용이 작은 길잡이가 되기를 소원합니다.

주와 참고 자료

01

1 Charles Horton Cooley(1902), *Human Nature and the Social Order*, Charles Scribner's Sons.
2 조세핀 김(2014), 『교실 속 자존감: 교사의 시선이 학생을 살린다』, 비전과리더십, pp. 224-225.
3 조세핀 김(2014), 『교실 속 자존감: 교사의 시선이 학생을 살린다』, 비전과리더십, pp. 98-99.
4 Haim G. Ginott(2003), 『교사와 학생 사이』, 신홍민 역, 양철북(원서 출판: 1972).
5 Haim G. Ginott(2003), 『교사와 학생 사이』, 신홍민 역, 양철북(원서 출판: 1972).
6 「'악취왕·돼지코' 별명 붙인 초등교사, 학생은 2차 피해」, 『SBS』, 2019. 10. 31. 「초등 1학년에 "공부 못하니 따로 앉아" 권익위 진정」, 『SBS』, 2019. 6. 21. 「"한 반 10명, 담임에 정서 학대당해" 손 편지에 담긴 정황」, 『JTBC』, 2019. 8. 5.

02

1 Eric Berne(1964), *Games people play: The basic hand book of transactional analysis*, Ballantine Books.
2 달리(SBS DALI), 「학교 선생님한테 반말하면 어떻게 될까? | SBS 스페셜」 https://youtu.be/g8BC6KZMGeA.

03

1 Thomas Gordon(2003), 『교사 역할 훈련』, 김홍옥 역, 양철북(원서 출판: 1974).
2 Thomas Gordon(2003), 『교사 역할 훈련』, 김홍옥 역, 양철북(원서 출판: 1974), pp. 44-47.
3 Marshall B. Rosenberg(2016), 『삶을 풍요롭게 하는 교육: 교사를 위한 비폭력대화』, 캐서린 한 역, 한국NVC센터(원서 출판: 2003).
4 Bernard M. Bass(1985), *Leadership and Performance Beyond Expectations*, Free Press.
5 Thomas Gordon(2003), 『교사 역할 훈련』, 김홍옥 역, 양철북(원서 출판: 1974).
6 Sidney M. Jourard(1971), *The transparent self*, 2nd Ed. Van Nostrand

Reinhold Inc.

7 Irwin Altman & Dalmas A. Taylor(1973), *Social penetration: The development of interpersonal relationships*, Holt, Rinehart & Winston.

8 Richard West & Lynn Turner(2013), *Introducing Communication Theory: Analysis and Application*, 5th Ed. McGraw-Hill.

9 Pamela J. Cooper & Cheri J. Simonds(2010), 『교실 의사소통: 효과적인 교실 상호작용을 위한 소통 방법』, 이창덕·전인숙·이정우 역, 교육과학사(원서 출판: 2011).

10 김보라, 『좋은생각』, 2019, 11월호.

04

1 권영성(2006), 「대학의 강의식 수업에서 교수의 효율적인 교수행동 요인 분석」, 박사학위 논문, 연세대학교 대학원.

2 Sarah E. Torok, Robert F. McMorris & Wen-Chi Lin(2004), "Is humor an appreciated teaching tool? perceptions of professors' teaching styles and use of humor," *College Teaching* 52(1), 14-20.

3 최숙형(2003), 『중고등학생이 기대하는 학급 담임교사의 인성특성에 대한 연구』, 석사학위논문, 목포대학교 교육대학원.

4 허영주(2010), 「예비교사의 유머감각과 유머스타일이 교사교육에 요구하는 변화」, 『교육방법연구』 22(2), 19-49.

5 『Ha Ha Ha! 유머교수법: 가르치는 사람과 배우는 사람이 모두 즐거워지는』(D. Doni Tamblyn, 2006)에서 재인용.

6 Doni Tamblyn(2006), 『Ha Ha Ha! 유머교수법: 가르치는 사람과 배우는 사람이 모두 즐거워지는』, 윤영삼 역, 다산북스(원서 출판: 2003); Anthony T. DeBenedet(2020), 『유쾌함의 기술: 뇌과학이 말하는 즐거워할 줄 아는 지능의 비밀』, 김유미 역, 다산초당(원서 출판: 2018).

7 허영주(2010), 「예비교사의 유머감각과 유머스타일이 교사교육에 요구하는 변화」, 『교육방법연구』 22(2), 19-49.

8 Louis Cozolino(2017), 『애착 교실: 관계 중심 학급 경영의 첫걸음』, 서영조 역, 해냄(원서 출판: 2014).

9   Melissa B. Wanzer & Ann B. Frymier(1999), "The relationship between student perceptions of instructor humor and students' reports of learning," *Communication education* 48(1), 48-62,

10 Lance Askildson(2005), "Effects of humor in the language classroom: Humor as a pedagogical tool in theory and practice," *Journal of Second Language Acquisition and Teaching* 12, 45-61.

11 김춘경·이윤주·정종진(2016), 『상담학 사전』, 학지사.

12 Cozolino, L.(2017), 『애착 교실: 관계 중심 학급 경영의 첫걸음』, 서영조 역, 해냄(원서 출판: 2014).

13 Doni Tamblyn(2006), 『Ha Ha Ha! 유머교수법: 가르치는 사람과 배우는 사람이 모두 즐거워지는』, 윤영삼 역, 다산북스(원서 출판: 2003).

14 Arthur Koestler(1964), *The act of creation*, Penguin Group; 구현정(2018), 「유머에 관한 인지적 접근: 불일치 이론을 중심으로」, 『한말연구』 49, 5-34.

15 Doni Tamblyn(2006), 『Ha Ha Ha! 유머교수법: 가르치는 사람과 배우는 사람이 모두 즐거워지는』, 윤영삼 역, 다산북스(원서 출판: 2003).

16 여은호·박경우(2013), 「유머에 대한 인식을 통해 본 소통의 문화적 특성에 관한 탐색적 연구: 대학 강의를 중심으로」, 『한국소통학보』 20, 113-149.

17 허영주(2011), 「교사유머의 유형화 및 유형별 교육 효과에 관한 연구」, 『교육방법연구』 23(1), p. 19.

18 Doni Tamblyn(2006), 『Ha Ha Ha! 유머교수법: 가르치는 사람과 배우는 사람이 모두 즐거워지는』, 윤영삼 역, 다산북스(원서 출판: 2003).

19 Melissa B. Wanzer, Ann B. Frymier, Ann M. Wojtaszczyk & Tony Smith(2006), "Appropriate and inappropriate uses of humor by teachers," *Communication Education* 55(2), 178-196.

20 여은호·박경우(2013), 「유머에 대한 인식을 통해 본 소통의 문화적 특성에 관한 탐색적 연구: 대학 강의를 중심으로」, 『한국소통학보』 20, 113-149.

21 Joan Gorham & Diane M. Christophel(1990), "The relationship of teachers' use of humor in the classroom to immediacy and student learning," *Communication Education* 39(1), 46-62.

22 Melissa B. Wanzer, Ann B. Frymier & Jeffrey Irwin(2010), "An explanation of the relationship between instructor humor and student learning:

Instructional humor processing theory," *Communication education* 59(1), 1-18.

23 허영주(2009), 「교사유머의 주요 유형과 유머의 목적·소재·표현 방식에 따른 성공과 실패의 차이 분석」, 『교육방법연구』 21(2), 21-50.

24 Joan Gorham & Diane M. Christophel(1990), "The relationship of teachers' use of humor in the classroom to immediacy and student learning," *Communication Education* 39(1), 46-62.

25 허영주(2009), 「교사유머의 주요 유형과 유머의 목적·소재·표현 방식에 따른 성공과 실패의 차이 분석」, 『교육방법연구』 21(2), p. 29.

26 허영주(2010), 「예비교사의 유머감각과 유머스타일이 교사교육에 요구하는 변화」, 『교육방법연구』 22(2), 19-49.

27 여은호·박경우(2013), 「유머에 대한 인식을 통해 본 소통의 문화적 특성에 관한 탐색적 연구: 대학 강의를 중심으로」, 『한국소통학보』 20, 113-149.

05

1 Marshall B. Rosenberg(2017), 『비폭력 대화: 일상에서 쓰는 평화의 언어, 삶의 언어』, 캐서린 한 역, 한국NVC센터(원서 출판: 1999).

2 Marshall B. Rosenberg(2016), 『삶을 풍요롭게 하는 교육: 교사를 위한 비폭력대화』, 캐서린 한 역, 한국NVC센터(원서 출판: 2003).

3 Robin Lakoff(1973), "The logic of politeness; Or, minding your P's and Q's," In *Proceedings from the Annual Meeting of the Chicago Linguistic Society* 9(1), Chicago Linguistic Society.

06

1 Carl R. Rogers(1975), "Empathic: An unappreciated way of being," *The counseling psychologist* 5(2), p. 3.

07

1 Suzette H. Elgin(1980), *The gentle art of verbal self defense*, Barnes &

Noble Publishing.

2   Luke A. Archer(2013), *Verbal aikido: Green belt: The art of directing verbal attacks to a balanced outcome*, CreateSpace independent publishing platform.

3   Luke A. Archer(2020), *From conflict to conversation: The official verbal aikido practitioner's guide*, AFNIL.

4   Virginia Satir(1983), *Conjoint Family Therapy*, Science and Behavior Books.

5   Suzette H. Elgin(1980), *The gentle art of verbal self defense*, Barnes & Noble Publishing.

6   Thomas J. Scheff(1995), "Self-defense against verbal assault: Shame, anger, and the social bond," *Family process* 34(3), 271-286.; Luke A. Archer(2013), *Verbal aikido: Green belt: The art of directing verbal attacks to a balanced outcome*, CreateSpace independent publishing platform; Luke A. Archer(2020), *From conflict to conversation: The official verbal aikido practitioner's guide*, AFNIL.

7   Thomas J. Scheff(1995), "Self-defense against verbal assault: Shame, anger, and the social bond," *Family process* 34(3), pp. 271-272.

8   Donald T. Saposnek(1987), "Aikido: A systems model for maneuvering in mediation," *Mediation Quarterly* 14, 119-136.

9   Luke A. Archer(2020), *From conflict to conversation: The official verbal aikido practitioner's guide*, AFNIL.

08

1   George J. Thompson & Jerry B. Jenkins(2014), *Verbal Judo: The gentle art of persuasion*, 2nd Ed., HarperCollins.

2   George J. Thompson & Jerry B. Jenkins(2014), *Verbal Judo: The gentle art of persuasion*, 2nd Ed., HarperCollins.

09

1   Judee K. Burgoon, David B. Buller & William G. Woodall(1995), *Nonverbal Communication: The Unspoken Dialogue*, 2nd Ed. McGraw-Hill College.

10

1   한국사회언어학회(2012), 『사회언어학 사전』, 소통, p.55.
2   Mark L. Knapp(1980), *Essentials of nonverbal communication*, Houghton Mifflin Harcourt School, p. 361.
3   Louis Cozolino(2017), 『애착 교실: 관계 중심 학급 경영의 첫걸음』, 서영조 역, 해냄(원서 출판: 2014).
4   Chick Moormam & Nancy Weber(2013), 『지혜로운 교사는 어떻게 말하는가: 아이들에게 긍정적인 변화를 이끌어내는 대화의 기술』, 윤미나 역, 한문화(원서 출판: 1989).
5   박재현·김윤정(2024), 「학습자 평정과 AI 면접 시스템을 활용한 교사 말투 진단 방안 연구」, 『화법연구』 63, 63-88.
6   Howard Giles & Peter Smith(1979), "Accommodation Theory: Optimal Levels of Convergence." In Howard Giles & Robert N. St. Clair(Eds.), *Language and Social Psychology (Language in society)*, Basil Blackwell.

마음이 만나는 교실
선생님이 알아야 할 배려와 설득의 대화법

2024년 8월 12일 초판 1쇄 찍음
2024년 8월 29일 초판 1쇄 펴냄

지은이 박재현

편집 이근영·홍미선·조유리
디자인 김진운
본문 조판 민들레

펴낸이 윤철호
펴낸곳 ㈜사회평론아카데미
등록번호 2013-000247(2013년 8월 23일)
전화 02-326-1545
팩스 02-326-1626
주소 (03993) 서울특별시 마포구 월드컵북로6길 56
홈페이지 www.sapyoung.com
이메일 academy@sapyoung.com

ISBN 979-11-6707-143-9

* 본 도서는 2022학년도 상명대학교 교내 연구비를 지원받아 수행한
  연구를 바탕으로 제작되었습니다.